山东省社会科学规划研究项目文丛·青年项目（17DZZJ03）

旧城改造

理性转型与权力重构

Inner City Redevelopment

黄 晴◎著

中国社会科学出版社

图书在版编目（CIP）数据

旧城改造：理性转型与权力重构／黄晴著 .—北京：中国社会科学出版社，2019.8
ISBN 978-7-5203-4855-3

Ⅰ.①旧… Ⅱ.①黄… Ⅲ.①旧城改造—研究—中国 Ⅳ.①F299.23

中国版本图书馆 CIP 数据核字（2019）第 178605 号

出 版 人	赵剑英
责任编辑	耿晓明
责任校对	李　莉
责任印制	李寡寡

出　　版	中国社会科学出版社
社　　址	北京鼓楼西大街甲 158 号
邮　　编	100720
网　　址	http://www.csspw.cn
发 行 部	010-84083685
门 市 部	010-84029450
经　　销	新华书店及其他书店
印刷装订	北京虎彩文化传播有限公司
版　　次	2019 年 8 月第 1 版
印　　次	2019 年 8 月第 1 次印刷
开　　本	710×1000　1/16
印　　张	14
插　　页	2
字　　数	181 千字
定　　价	68.00 元

凡购买中国社会科学出版社图书，如有质量问题请与本社营销中心联系调换
电话：010-84083683
版权所有　侵权必究

前　言

　　我国大规模旧城改造运动不仅重塑着城市的物质环境，也重新分配了城市空间权利。旧城改造过程必然伴随着一系列社会张力与矛盾，如何有效回应与化解这些社会矛盾则是我国城市治理所面临的重要议题与挑战。我国旧城改造中的社会矛盾具体表现在哪些方面？这些社会矛盾如何得到妥善治理？在治理过程中，如何发挥基层与社区的力量？本书将探索这一系列问题的答案，其理论意义在于剖析了我国转型时期城市形态、社会关系与治理逻辑之间的内在关联性。

　　本书通过长达三年的实地调研，为读者展现了充实而丰富的旧城改造及其治理过程的场景。书中以青岛市 NS 社区为案例，全程跟踪调查了该社区于 2011 年开展的拆迁改造项目。研究发现，NS 社区居委会在拆迁改造中发挥着关键作用，具体表现为有效地塑造居民对政策的认可，以及化解在地矛盾。在旧城改造过程中，探索社区居委会所发挥的治理作用，对我们重新认识中国城市治理内在结构及其转型过程具有一定的启发意义。"新自由主义治理术"指一种新的治理艺术与治理逻辑，其旨在塑造社区自治性与居民的参与感，从而发挥其在治理过程中的作用。青岛 NS 社区的案例表明，这种新的治理逻辑正在重塑着我国城市基层治理实践。

　　本书的主要目的在于探索我国旧城改造中的治理方式与治理逻

辑的转型，并讨论社区居委会在其中的核心作用。书中共有八个章节。第一章为全书的绪论，介绍了研究背景与研究意义，重申了研究目的与研究问题，并展现了全书的内容框架。第二章讨论了我国转型期的城市主义，即伴随着市场改革所出现的城市现象、城市过程与城市问题。具体来讲，这种新的城市主义包括城市土地与房屋的私有化改革、快速的城市化与大规模的城市拆迁、地方发展联盟的出现以及与之伴随的各种社会问题与社会矛盾。这些新的城市现象与城市问题是转型期我国城市治理所面临的新挑战。第三章描述了我国旧城改造中的主要社会矛盾及其治理问题。这一系列矛盾建立在对于土地收益、居住权利与地方发展目标等不同诉求之上，也对政府职能、边界、权力行使方式以及治理技术与手段等方面提出了挑战。第四章梳理了青岛城市规划发展历史与旧城改造的政策变迁。自20世纪90年代末以来，青岛市展开了大规模的旧城改造，其所伴生的社会矛盾成为城市治理过程中亟需解决的问题。第五章分析了青岛市NS社区居委会的组织结构、职能范围以及主要职责。虽然自上而下的权力承接是我国社区居委会所面临的主要困境，但是这也意味着社区居委会在日常治理中的有效性与合法性。这为NS社区居委会化解旧城改造中的矛盾提供了基础。第六章与第七章具体讨论了NS社区居委会在旧城改造中所发挥的治理作用。其中，第六章探讨了居委会如何通过邻里网络、人情关系、话语重构等方式，来化解在地矛盾，获得居民对于政策的支持与认可，塑造社区一致意见。第七章则讲述了NS社区居委会如何通过社区动员与社会资本来化解矛盾。第八章总结了本书的主要发现，并进一步讨论了我国的城市转型、城市空间权力、城市主义与治理逻辑等问题。

目　　录

第一章　绪论……………………………………………………（1）
　一　研究背景与研究意义……………………………………（1）
　二　研究目的与研究问题……………………………………（4）
　三　研究内容与结构框架……………………………………（7）

第二章　争议空间与空间争议：我国城市主义、城市空间与
　　　　社会问题的历史演进………………………………（11）
　一　城市主义转型与重构：从"计划的空间"到
　　　"资本的空间"……………………………………………（13）
　二　从"管理主义"到"企业主义"：争议的空间及其
　　　政治经济逻辑……………………………………………（23）
　三　空间区位、空间正义与空间权利：中产阶层化
　　　进程中的空间争议………………………………………（32）
　四　本章小结：城市主义与城市社会问题…………………（42）

第三章　治理城市空间矛盾：从发展的逻辑到稳定的逻辑……（44）
　一　中国情景下的城市社会矛盾：拖延性策略及其
　　　内在理性…………………………………………………（45）
　二　治理矛盾的地方策略：强制权力的合法性使用………（58）
　三　基于稳定的干预：体制压力下的地方治理转型………（63）

· 1 ·

四　本章小结:城市空间矛盾及其治理策略……………(67)

**第四章　城市主义及其转型:青岛社会矛盾及其治理
　　　　策略的历史演进**……………………………………(69)
　　一　本地主义与殖民主义:德国殖民时期城市规划与社会
　　　　治理的空间策略………………………………………(70)
　　二　城市社会矛盾、社会隔离与空间警戒:日占时期的城市
　　　　政治与城市形态………………………………………(80)
　　三　"节俭城市":计划经济时期的社会矛盾及其
　　　　空间治理技术…………………………………………(83)
　　四　新自由主义城市:发展的政策话语与空间矛盾的
　　　　治理实践………………………………………………(89)
　　五　本章小结:地方城市主义与治理挑战………………(98)

第五章　旧城改造中的"社区实验":远程治理的艺术………(99)
　　一　现代国家治理技术:我国社会转型与社区实验………(101)
　　二　NS 社区居委会:"小巷总理"的日常与权责…………(107)
　　三　"远程治理":政府监管的外卷化与自上而下的权力
　　　　运作技巧………………………………………………(113)
　　四　本章小结:社区治理的政策逻辑与政策理性…………(121)

**第六章　塑造"一致性赞同"的基层治理智慧:
　　　　社区参与协商**………………………………………(123)
　　一　"授权社区"的治理艺术:城市更新中的社区
　　　　参与和民主协商………………………………………(124)
　　二　框架既定的社区参与:打开城市空间规划的
　　　　政策黑箱………………………………………………(126)

三 "去除枝丫"行动:规范的社区参与路径
　　　　如何生成? ……………………………………………(134)
　　四 社区协商:话语权力、价值观认同与"一致性
　　　　赞同"的生产 …………………………………………(142)
　　五 本章小结:工具性的社区参与及其意义 ……………(150)

**第七章 社会资本与社区治理:钉子户的治理策略与
　　　　治理逻辑** ……………………………………………(151)
　　一 作为新自由主义治理术的社会资本…………………(153)
　　二 NS 社区的社会资本:单位制小区中的人际关系
　　　　构建逻辑 ………………………………………………(156)
　　三 通过社会资本的治理策略:赋权与赋责的双重
　　　　政策逻辑 ………………………………………………(162)
　　四 劝说钉子户:象征性权力的创造性运作 ……………(166)
　　五 本章小结:社区治理中的社会资本及其运作 ………(175)

**第八章 研究结论与展望:我国城市更新中的治理
　　　　逻辑与治理技术** ……………………………………(176)
　　一 "通过社区的治理":我国城市更新与城市
　　　　治理转型 ………………………………………………(177)
　　二 中国特色的治理术 …………………………………(180)
　　三 经历城市更新:居民城市权利与话语表达 …………(181)
　　四 迈向未来的政策议程 ………………………………(182)

参考文献 ……………………………………………………(184)

后　记 ………………………………………………………(214)

第 一 章

绪　　论

> 治理即辨识对象内在的行动能力并随即去调整、迎合这种行动的能力。治理意味着针对治理对象行动力的一种行为……治理建立在治理对象的自由以及对这种自由的有效行动之上。
>
> ——罗斯（Nikolas Rose）[①]

一　研究背景与研究意义

伴随着市场改革进程，我国城市发展轨迹与城市主义模式也发生了根本性的变化。这种新的城市主义集中体现为城市空间形态与城市政策理性的重塑与转型。在过去的二十年中，中国城市纷纷见证了房地产导向的城市发展模式的兴起，也见证了基于美国城市模版的现代化城市风貌逐渐蚕食着传统的邻里社区与街区形态。与此同时，具有"企业家精神"的城市政府与城市发展联盟开始出现，主导着城市议程。由此，生活导向的城市公共价值与人们对城市空间的使用价值诉求越发被边缘化。这一系列城市问题得到了中外学者的广泛关注，它们也被视为中国城市新自由主义

[①] Nikolas Rose, *Powers of Freedom: Reframing Political Thought*, Cambridge University Press, 1999, p. 167.

转型的典型标志①。然而，我国新自由主义城市主义的另一个重要维度却常常被忽视——即伴随着市场化改革和城市化而出现的一系列社会冲突和争议。随着我国大规模内城改造，围绕着拆迁、补偿与土地房屋权利的城市矛盾与抗争行为不断涌现，成为我国城市化进程中不容忽视的治理挑战。

自2010年开始，在中央政府的主导下，推动了一系列自上而下的改革实践，旨在更好地治理城市化进程中所出现的社会矛盾。2011年1月所推行的《国有土地上房屋征收与补偿条例》（以下简称《条例》）是这一改革进程的里程碑。《条例》中明确规定，禁止使用强行驱逐居民和强制征用城市住房的方式，鼓励地方政府寻求更具包容的治理方式来应对旧城改造中所出现的社会矛盾。随后，2011年第十一届全国人民代表大会上进一步强调，征地拆迁引发的社会矛盾是我国城市治理中所面临的主要挑战之一，也是我国未来改革的重点方向。除此之外，中央政府也加强了其监管角色，对地方的强拆行为进行了严厉的惩处。这一系列来自中央的强有力的干预推动了地方治理改革实践。我国城市政府如何对旧城改造及其社会矛盾进行治理？这些地方治理实践又揭示了怎样的治理模式与治理逻辑？本书旨在对这些问题进行探索。

拉纳（Wendy Larner）指出，新自由主义不仅仅是一种政策框架，更意味着一种全新的治理理性与治理术②；或者说，新自由主

---

① Logan, John, *The New Chinese City: Globalization and Market Reform*, Blackwell Publisher, 2002; Laurence J. C. Ma, "Urban Transformation in China, 1949 - 2000: A Review and Research Agenda", *Environment and Planning A*, Vol. 34, No. 9, 2000; Fulong Wu, "The (Post -) Socialist Entrepreneurial City As A State Project: Shanghai's Reglobalisation in Question", *Urban Studies*, Vol. 40, No. 9, 2003; Wu Fulong, "How Neoliberal Is China's Reform? the Origins of Change During Transition", *Eurasian Geography and Economics*, Vol. 51, No. 5, 2010; David Harvey, *A Brief History of Neoliberalism*, Oxford University Press, 2005.

② Wendy Larner, "Neo-Liberalism: Policy, Ideology, Governmentality", *Studies in Political Economy*, Vol. 63, No. 1, 2000.

义体现为"政府行为合理化的原则和方法"①。新自由主义治理术也被称为新自由主义治理战略或新自由主义治理技术②。在福柯看来，这种新自由主义治理术的核心特点是"远程治理"。正如伯切尔（Graham Burchell）所指出的那样，具有新自由主义理性的政府不仅秉持着传统自由主义精神——即政府干预最小化，也应成为赋能的政府，并可以培育"自由"之治理技术③，通过"有目的性的自由"而开展治理④。对此，罗斯（Nikolas Rose）进一步评论道，那些通过社区赋权与塑造"积极公民"精神的治理策略恰恰体现了这种赋能型的政府理性⑤。在我国的旧城改造中，新的治理改革实践是否体现了这种新的治理理性？

对于许多学者来说，市场改革也推动了我国的新自由主义转型。在这一过程中，无所不知并进行广泛干预的全能型政府正在逐渐消失，而培育和激发社会自治能力也成为我国城市治理改革的核心主题。也有一些文献着眼于我国新自由主义治理术及其在社会和政策领域的具体表现。西格利（Gary Sigley）指出，在更广泛的层面上，我国新自由主义转型体现在中央计划体制的式微和竞争机制在经济领域的实施⑥。另有一些研究表明，大量非政府组织和商业

---

① Graham Burchell, "Liberal Government and Techniques of the Self", *Economy and Society*, Vol. 22, No. 3, 1993.

② Graham Burchell, "Liberal Government and Techniques of the Self", *Economy and Society*, Vol. 22, No. 3, 1993; Nikolas Rose, *Powers of Freedom: Reframing Political Thought*, Cambridge University Press, 1999.

③ Nikolas Rose, *Powers of Freedom: Reframing Political Thought*, Cambridge University Press, 1999; Mitchell Dean, "Liberal Government and Authoritarianism", *Economy and Society*, Vol. 31, No. 1, 2002.

④ Graham Burchell, "Liberal Government and Techniques of the Self", *Economy and Society*, Vol. 22, No. 3, 1993.

⑤ Nikolas Rose, *Powers of Freedom: Reframing Political Thought*, Cambridge University Press, 1999.

⑥ Gary Sigley, "Chinese Governmentalities: Government, Governance and the Socialist Market Economy", *Economy and Society*, Vol. 35, No. 4, 2006.

组织在治理领域的涌现标志着政府体制从管理向治理的转变。这些组织在政府场域之外发挥着重要的作用，并重塑着政府的职能边界[1]。霍夫曼（Lisa Hoffman）进一步指出，在最微观的个人行动逻辑层面，中国已经向重视个人选择自由和责任型社会的方向转型[2]。

在我国旧城改造及其社会矛盾的治理改革过程中，是否也体现了这种新自由主义治理术和治理理性？在这里，我们的研究给予其以肯定的答案——新自由主义治理术正在重塑我国旧城改造的政策理性与治理逻辑。而这种新的治理理性的核心，则是一种凭借社区居委会而展开的自治过程。进一步来说，为了更好地应对旧城改造中所出现的社会矛盾，越来越多的城市开始重视发挥社区居委会在甄别、柔化和治理这种社会矛盾中的作用。从实践层面来说，本书探讨了我国社区治理和旧城改造治理模式的转变；在宏观理论层面，我们则旨在揭示转型背景下我国的城市问题、城市治理技术与治理理性之间的内在关联性。

二 研究目的与研究问题

首先，本书旨在探索来自中央层面的改革压力如何推动地方层面的城市发展模式转型与治理创新。同时，我们将以青岛市NS社区为案例来讨论这一问题。在2012年，为响应中央政府禁止强制拆迁的法令，青岛市政府开始探索土地征用和社区治理的新方式。这突出表现为发挥社区居委会在城市更新和矛盾治理当中的作用。通过对2012年青岛市NS社区更新与治理的案例研究，我们讲述了

---

[1] Jude Howell, *Governance in China*. Rowman & Littlefield, 2003; Kenneth Lieberthal, *Governing China: from Revolution Through Reform*, W. W. Norton, 2004; Tony Saich, *Governance and Politics of China*, New York: Palgrave Macmillan, 2004.

[2] Lisa Hoffman, "Autonomous Choices and Patriotic Professionalism: on Governmentality in Late-Socialist China", *Economy and Society*, Vol. 35, No. 4, 2006.

NS 社区居委会的治理创新与实践。具体来说，NS 社区居委会有效地获取了居民对政府规划及补偿等政策的认可，通过社区协商过程塑造着一致性意见；并通过社区动员过程，有效地运用社会资本来化解在地矛盾。

本书的第二个研究目的则是讨论社区居委会在城市治理中所发挥的作用。已有研究对这一问题展开了一定的讨论，指出我国社区居委会承接了越来越多的政府职能——例如提供公共服务和保障社区安全等。由于市场改革与社会主义福利国家职能的收缩，我国城市治理中留下了大量的空白，正是社区居委会填补了这些治理空隙[1]。在这里，我们不仅通过实证数据进一步诠释了我国城市社区居委会的传统职能和治理角色，并进一步勾画了在现有治理框架下，政府、居委会与居民三者之间的权力关系。在纵向上，我们发现了一系列政府"远程治理"技术的巧妙运用，它们使得自上而下的权力运作和政府议程得以在基层实现。另一方面，我们也观察到了居委会对于人际关系与社会资本的创造性运用，这些过程是居委

---

[1] Bong-Ho Mok, "Grassroots Organising in China: the Residents' Committee As A Linking Mechnism between the Bureaucracy and the Community", *Community Development Journal*, Vol. 23, No. 3, 1988; Benjamin L Read, "Revitalizing the State's Urban 'Nerve Tips'", *The China Quarterly*, Vol. 163, 2000; Benjamin L. Read, "Democratizing the Neighbourhood? New Private Housing and Home-Owner Self-Organization in Urban China", *The China Journal*, Vol. 49, 2003; James Derleth, Daniel R Koldyk, "the She Qu Experiment: Grassroots Political Reform in Urban China", *Journal of Contemporary China*, Vol. 13, No. 41, 2004; Miu Chung Yan, Jian Guo Gao, "Social Engineering of Community Building: Examination of Policy Process and Characteristics of Community Construction in China", *Community Development Journal*, Vol. 42, No. 2, 2007; David Bray, "Building 'Community': New Strategies of Governance in Urban China", *Economy and Society*, Vol. 35, No. 4, 2006; David Bray, "Designing to Govern: Space and Power in Two Wuhan Communities", *Built Environment*, Vol. 34, No. 4, 2008; Martin Geoghegan, Fred Powell, "Community Development and The Contested Politics of The Late Modern Agora: of, Alongside Or Against Neoliberalism?", *Community Development Journal*, Vol. 44, No. 4, 2008; Leslie Shieh, John Friedmann, "Restructuring Urban Governance: Community Construction in Contemporary China", *City*, Vol. 12, No. 2, 2008; Martin Mowbray, "What Became of the Local State? Neo-Liberalism, Community Development and Local Government", *Community Development Journal*, Vol. 46, No. 1, 2011.

会治理过程及其权力内核的实质所在。进一步来说，我们指出，我国城市社区居委会连接了微观的个人行为与宏观的治理过程。

本书的第三个目的是探讨普通居民在城市更新和旧城改造中的境遇与诉求表达。在青岛市旧城改造项目中，居民的个人体验不仅包括授权与参与，他们也经历着不同形态的边缘化和不公正待遇。为揭开旧城改造过程中居民所处境遇的"黑箱"，本书着重关注了一个特殊的居民群体——"钉子户"，即那些拒绝搬离已经确定要开发的社区并要求获得更高补偿和更好搬迁地点的居民。他们的故事为我们揭开旧城改造中的权力形态与社区治理的内在逻辑提供了一个极好的切入视角。

青岛市在城市更新和旧城改造方面的政策改革充分体现了一种新自由主义的治理逻辑。这种治理逻辑最终的落脚点则是社区自治和居民动员。青岛市的这一治理转型过程也体现了罗斯（Nikolas Rose）所指出的"社区自治化和责任化的双重运动"[①]。赋权与赋能的过程不仅仅塑造了一种更为有效的治理途径，也构建了政府治理的合法性。在青岛旧城改造过程中，社会矛盾治理逻辑的转型也反映了更深刻的治理理性的变化。一方面，全能政府的逻辑逐渐式微，从而使用强制力量或暴力的方式来推动城市发展也不再被认为是政府的责任。另一方面，居民自身被赋予了更多的责任和义务，社区也被视为一种宝贵的治理资源。在赋权与赋能的双重逻辑之外，并行不悖的则是一个政府职能重组的过程。通过一系列可以被称之为"远程治理技术"的治理试验与治理改革，地方政府的退出不但不意味着政府监管能力的弱化，反而重塑并强化了其自上而下的主导能力。

综上所述，本书旨在以旧城改造为政策场域来讨论我国城市治

---

① Nikolas Rose, *Powers of Freedom: Reframing Political Thought*, Cambridge University Press, 1999.

理的转型过程。我们的观察视角则是社区居委会在旧城改造与矛盾治理中所扮演的先锋作用。通过对这一问题的探索，本书旨在明确我国社区居委会在城市治理中扮演的角色，并反思我国新自由主义治理路径与治理逻辑的具体实践形式。具体来说，本书的研究问题包括：

第一，社区居委会在旧城改造和城市治理中发挥了什么样的功能？

第二，地方政府对于社区居委会采用了哪些治理技术与治理策略？这些治理技术是如何重塑社区居委会的议程与理性的？

第三，居民在旧城改造中有哪些个人经历？其与城市治理的改革过程具有哪些内在关联性？

第四，社区居委会所发挥的治理角色与我国城市治理的转型过程有着怎样的内在关联性？

三　研究内容与结构框架

本书共有八个章节。其中第一章为绪论部分。第二章讨论了我国转型期的城市主义，即伴随着市场改革所出现的城市现象、城市过程与城市问题。具体来讲，这种新的城市主义包括中央计划体制的解体、城市土地与房屋的私有化改革、房地产导向的城市发展、快速的城市化与大规模的城市拆迁、地方发展联盟的出现以及与之伴随的各种社会问题与社会矛盾。在这一城市过程的背后，主要的推动力量则是资本的积累逻辑以及发展导向的城市公共政策。也正是这些城市过程与城市空间逻辑构成了我国城市社会争议的主要来源。

第三章回顾了我国目前主要的城市社会矛盾及其治理改革问题。在我国的城市发展过程中，居民和地方政府在经济利益和政治权利方面存在不同的诉求，引发了围绕着城市空间与土地权利的城市社会争议。一方面，城市居民为了得到更好的补偿而采用了一系列争议策略；另一方面，发展导向的地方政府通过行政强制力量来推动城市土地征收过程。自2010年起，中央政府采取了一系列措施，对地方的土地征收过程进行干预。这种自上而下的干预是如何促使地方政府重塑旧城改造政策逻辑与治理方式，实现政府职能、边界、权力行使方式以及治理技术与手段等方面的转型的？

第四章开始以青岛市为例来探索地方治理改革问题。在这一章中，我们梳理了青岛的城市发展历史与城市主义的演进，从而讨论新自由主义的城市空间生产模式与城市社会矛盾是如何出现的。自20世纪初以来，青岛市从殖民城市逐渐转型至社会主义制度下的工业城市，又随即在20世纪90年代经历了市场改革和新自由主义转型。自此，青岛的城市发展模式体现出了地方政府的"企业家精神"、地产导向的积累与城市空间争议等一系列新自由主义城市主义的特征。而如何治理这一城市空间矛盾则成为青岛市所面临的主要治理挑战之一。

通过探索青岛的城市发展历史，第四章的理论贡献包括如下两个方面。一方面，本章为青岛的城市发展规划、社会变革历程、城市景观更新与城市主义变革提供更翔实的研究背景，并以此来回应罗宾逊（Jennifer Robinson）关于打破城市发展模版和全球城市等级体系、探究普通城市的发展意义与特殊性的号召[1]。此外，本章还试图回应卡斯特尔（Manuel Castells）的观点[2]，揭示城市争议是

---

[1] Jennifer Robinson, *Ordinary Cities: Between Modernity and Development*, Psychology Press, Vol. 4, 2006; Jennifer Robinson, "Developing Ordinary Cities: City Visioning Processes in Durban and Johannesburg", *Environment and Planning A*, Vol. 40, No. 1, 2008; Jennifer Robinson, "Cities in A World of Cities: The Comparative Gesture", *International Journal of Urban and Regional Research*, Vol. 35, No. 1, 2011.

[2] Manuel Castells, "Crisis, Planning, and The Quality of Life: Managing The New Historical Relationships between Space and Society", *Environment and Planning D: Society and Space*, Vol. 1, No. 1, 1983.

否,以及在何种意义上体现着青岛城市化和发展的固有特征。为了这一目的,我们讨论了青岛的城市争议在不同历史时期的不同表现形式,以及这些争议是如何嵌入到当时的社会和政治特殊性中的。

接下来的章节则转向探讨青岛市城市更新和旧城改造方面的具体治理改革实践。第五章分析了我们的案例——青岛市NS社区居委会的组织构成、日常工作议程及其作为一个治理场域的内在逻辑。我们重点讨论了政府对于居委会所展开的一系列"远程治理技术",也正是这些治理技术不断重塑着居委会的理性与行动模式。通过青岛NS社区居委会的案例,本章进一步揭示了我国城市居委会与地方政府之间的权力模式、居委会的思考逻辑,以及自上而下的城市议程的执行过程。在城市更新和旧城改造中,NS社区居委会也承接了政府所指定的主要职责:推动土地征收进程并有效治理社会矛盾。

在第六章和第七章中,我们对NS社区居民委员会在旧城改造中的具体治理行为进行了探讨。第六章讨论了旧城改造过程中的居民参与以及居委会在其中所发挥的关键性作用。研究发现,在NS社区的拆迁中,社区参与是一种工具性的、目标导向的和框架既定前提下的参与。这种参与模式具有中国特色,起到了塑造社区一致意见的重要作用。在参与过程中,NS社区居委会发挥着核心作用,我们将其总结为三个环节和两种策略。我们也对中西方的社区参与问题进行了反思与讨论,回应了拉邦特(Ronald Labonte)对于社区参与的批判性观点[1]。

第七章讲述了NS社区居委会治理钉子户、化解社区中出现的争议与矛盾的具体行为与技术。面对社区中不愿意搬迁的钉子户,青岛市并没有采用以往惯用的强制性手段,而是通过NS社区居委

---

[1] Ronald Labonte, "Social Capital and Community Development: Practitioner Emptor", *Australian and New Zealand Journal of Public Health*, Vol. 23, No. 4, 1999.

会来组织、发动居民自治小组，进行游说与劝说。这一过程体现了社区动员以及凭借社会资本的治理过程。在理论贡献方面，本章首先回应了韦克菲尔德（Sarah Wakefield）和波兰（Blake Poland）的观点，进一步深化了对于社会资本的理解，并讨论了社会资本如何作为一种"新自由主义治理术"而发挥作用①。其次，我们也揭示了通过社区动员和社会资本而开展治理的政府行为背后的政府理性——我们将其总结为赋权与赋责的双重逻辑。最后，我们也讨论了社会资本之所以能够发挥作用所依赖的内在权力关系。在NS社区，社会资本体现为长者权威、家庭伦理秩序、人情面子与自尊心对人们的影响力。而NS社区居委会通过对这些影响力的创造性运作，成功地将其转化为治理资源②。

第八章总结了本书的研究结果，回顾了本书的研究问题是如何得以解答的，并在此基础上进一步讨论了我们的研究发现的意义及其对于理解我国（新自由主义）城市治理转型的启示。我国新兴的城市主义不仅存在于房地产主导的城市发展模式、具有"企业家精神"的地方政府以及城市化进程中对经济和政治权力的争夺等城市现象与城市问题中，它也体现在城市治理理性、治理逻辑与权力行使方式的深刻变革。

---

① Sarah EL. Wakefield, Blake Poland, "Family, Friend or Foe? Critical Reflections on The Relevance and Role of Social Capital in Health Promotion and Community Development", *Social Science & Medicine*, Vol. 60, No. 12, 2005.

② Robert D. Putnam, "Who Killed Civic America", *Prospect*, 1996.

第 二 章

争议空间与空间争议：我国城市主义、城市空间与社会问题的历史演进

1978年的市场改革在我国引发了一场席卷经济、社会与政治文化场域的制度转型与组织重构。在随后的四十年中，中国社会经历了一系列意义深远的变革：土地与住房逐渐市场化，社会主义计划经济与单位制日益势衰，房地产市场最终崛起并成为国家经济发展的新引擎。与此同时，随着职权下放改革和统一规划模式的松动，我国地方治理结构同样实现了重构。一种新的地方治理逻辑正在兴起：发展导向的政策制定过程、"企业家精神"的城市政府、被城市竞争所重塑的治理理性以及风险共担的合作治理机制。

在这一背景下，我国城市既主动追求发展，也被动卷入资本和土地开发的洪流中，快速地生产着具有争议性的空间。房地产主导的大规模开发项目无一例外地为各个城市所追捧，快速地用一种新型的城市空间覆盖传统的城市风貌与社会网络，成为"中国新自由主义的前沿阵地"[①]。中国城市不仅见证了建成景观的现代化，房地产导向的城市发展模式也同样孕育出一种新的城市主义。其集中体现在城市现象与城市问题两个层面：大规模城市拆迁、颇受争议的中产阶层化（Gentrification）进程、显著的社会空间分异

[①] Shenjing He, Fulong Wu, "China's Emerging Neoliberal Urbanism: Perspectives from Urban Redevelopment", *Antipode*, Vol. 41, No. 2, 2009.

等都是我国面临的"新城市主义"。本章将具体讨论中国房地产主导的城市发展模式与争议性城市空间的塑造。我们通过纵向的视角，来梳理其兴起与发展的历史过程（1978年至今），并分析这一城市发展模式背后的政治经济学逻辑及其引发的社会、空间与政治效应。

资本主导的城市空间生产过程表达着剥夺与积累的基本逻辑。追求发展的地方政府、逐利的资本与发声微弱的居民作为空间生产过程的主体，他们的博弈结果决定了城市空间形态：社会空间分异、中产阶层化、空间权利剥夺与等级性市民权利。以上这些资本积累的"空间逻辑"与"空间结果"最先在发达资本主义国家出现，并被学者广泛讨论。在城市权利的理论视角下（The right to the city），资本主导的城市空间生产是一个少数人享有特权而多数人被边缘化的过程[1]。亦如学者哈维（David Harvey）所说，在发达资本主义国家中，"城市权利的享有是十分局限的，因为在大多数情况下，只有少数政治和经济精英能够按照其需求和内心的渴望来塑造城市"[2]。20世纪90年代以后，随着房地产主导的城市发展模式的流行，我国城市也经历了与西方类似的、具有争议的城市空间生产过程，并引发了一种新的城市争议形式：围绕着城市空间生产过程与结果的争议。在本章中，我们也将结合城市权利理论来讨论这种城市空间争议。

争议的空间生产与空间生产的争议在我国引发了一场治理危机，从而引发了一系列相应的改革措施（见第二章）。本章包含四个部分。第一部分讨论了自计划经济时期到市场改革时期我国城市主义的转型。20世纪80年代以后，新的城市主义体现在许多方面，

---

[1] Donald M. Nonini, "Is China Becoming Neoliberal?", *Critique of Anthropology*, Vol. 28, No. 2, 2008.

[2] David Harvey, *Rebel Cities: from the Right to The City to The Urban Revolution*, Verso Books, 2012.

包括房地产市场发展、土地与住房私有化改革、单位制的式微、新的国家治理逻辑、全球化与城市化的紧密缠绕、市民身份转变与消费者身份认同等。20世纪90年代初期，中国社会见证了房地产市场的繁荣，房地产市场成为中国经济的引擎，并进一步加速了我国城市主义转型的进程。而快速的城市化与大规模的内城更新则是我国新时期城市主义的主要表现形式。本章的第二部分重点关注中国大规模城市化、城市更新及其背后的政治经济逻辑。我国快速的城市发展一方面源自中央自上而下的推动，另一方面也是地方政府和城市政治精英获取政治与经济收益的公共政策过程。因此，在某种意义上而言，我国快速的城市扩张与城市更新是中央政府和地方政府共同推动的结果。本章第三部分对房地产主导的城市更新的社会效应做出了批判性的解读，并进一步讨论了城市空间争议与城市空间权利问题。基于城市权利的话语视角，这一部分审视了我国城市化进程所造成的权利剥夺和空间分异等问题。

一 城市主义转型与重构：从"计划的空间"到"资本的空间"

1949年，随着社会主义政权的建立，一系列国家体制与城市治理机制也相继确立并得以完善。其中，具有代表性的制度包括中央计划经济体制、城市土地与住房的公有制等。在彼时，建立在社会主义计划经济体制之上的城市发展路径与我们所熟知的"市场逻辑"的城市发展路径有着截然不同的特征。具体来说，在计划经济时期，我国的城市发展遵循着"生产主导"的而非"资本主导"或"消费主导"的规划理念。自20世纪50年代开始，我国的城市化与城市发展在强势的中央政府统一规划与有效监管下进行着。一方面，中国城市经历着快速的工业发展与扩张，成为工业生产的空间[1]；另一方面，自上而下推行的"反城市化政策"成功地限制了城市消费功能，从而确保资本和国家政策源源不断地流向生产领域[2]。针对这一问题，许多学者评论道：在20世纪70年代末之前，中国的城市规划、城市建设和资源分配始终遵循着"生产第一、消费第二"的原则[3]。

"单位"是计划经济时期我国城市中特定的生产场域、社会单元和治理主体，其主要类型包括国有企业、政府部门和事业单位[4]。单位不仅仅是生产的组织者，也是城市再生产环节的供给者。经由主管政府部门的监督和许可，各单位可以利用生产盈余为其内部职工提供具有一定排外性的、俱乐部式的福利保障与公共服务设施。这些公共服务设施通常包括单位卫生所、托儿所、培训学校和食堂等。同时，由于不同单位或生产单元各自的生产能力和经济能力存在差异，不同单位所提供的服务均有不同。因此，在计划经济时期，单位即包含一切的"社会"，是全能国家的落脚点和全民福利政策的承接者。也正是因为"单位制"的作用，城市再生产环节才得以存续，大量的城市工人人口才得以在"前消费主义"的工业城市中获得稳定的物质生活。

计划经济时期的单位所承担的主要"福利职能"也包括住房保

---

[1] Fulong Wu, "Transitional cities", *Environment and Planning A*, Vol. 35, No. 8, 2003.

[2] George CS. Lin, "China's Industrialization with Controlled Urbanization: Anti-Urbanism or Urban-biased?", *Issues & Studies*, Vol. 34, No. 6, 1998; R. Yin-Wang Kwok, "Recent Urban Policy and Development in China: A Reversal of 'nti-urbanism'", *Town Planning Review*, Vol. 58, No. 4, 1987; L. J. September Ma, "Anti-urbanism in China", *in Proceedings of the Association of American Geographers*, Vol. 8, 1976.

[3] Youqin Huang, "A Room of One's Own: Housing Consumption and Residential Crowding in Transitional Urban China", *Environment and Planning A*, Vol. 35, No. 4, 2003.

[4] Fulong Wu, "Changes in The Structure of Public Housing Provision in Urban China", *Urban Studies*, Vol. 33, No. 9, 1996; David Bray, *Social Space and Governance in Urban China: the Danwei System from Origins to Reform*. Stanford University Press, 2005.

障和持续改善工人的住房条件①。在 20 世纪 50 年代，由于社会主义体制刚刚建立而缺乏充足的资金来更新城市物质环境，单位提供住房的主要渠道为继承、征收和改制。在 1949 年新中国刚刚成立时，中国城市内部随处可见旧时期所留下的平房与棚户区，许多区域居住条件简陋，缺乏给排水、电力和供暖设备等现代生活设施。在 50 年代的社会主义改造运动中，这些住房被征收并转化为国有资产和单位所有的公有制生产资料，并在随后的几年中，由单位分配给工人居住。虽然这一时期的住房条件拥挤、紧缺、不便②，但是却较为有效地满足了日益增长的城市工业人口的住房需求，缓解了许多城市的住房压力。

在整个 50 年代，包括住房在内的城市物质环境的更新进程十分缓慢。但这一时期也见证了少数的大规模城市重建项目的开展。1952 年，在中央政府的资助下，位于上海的一个棚户区被改造成为著名的曹杨新村。作为新中国政府主导并在政治上备受瞩目的住房重建项目之一，曹杨新村是社会主义中国第一个工人阶级聚集的现代社区。在 50 年代，此类项目具有高度的象征性和政治意义——它们是展示国家建设实力、治理理念和治理能力的橱窗③。

进入 20 世纪 60 年代以后，国家经济建设逐步走向正轨，地方上的工业生产所带来的必要积累已经可以支撑适当规模的城市住房更新项目。在这一时期，单位开始成为建设城市住房的主要力量。

---

① Xiaoxi Hui, "The Chinese Housing Reform and the Following New Urban Question", in Paper for the 4th Inter-national Conference of the International Forum on Urbanism, 2009.

② 我国工业化初期的城市住房条件与英国工业革命初期的城市居住状况十分类似。恩格斯对 19 世纪 40 年代伦敦的住房条件作出了如下描述："圣吉尔斯位于牛津街和摄政街附近⋯⋯这是一栋邻近狭窄、弯曲、肮脏街道的三层或四层的房子，从地下室到阁楼、从内部到外部没有地方不是肮脏的，到处都是成堆的垃圾和灰烬，污浊的液体倒在门咿臭气熏天。"引自 Frederick Engels, The Condition of The Working Class in England. The Sociology and Politics of Health. Routledge, 2005, pp. 22 – 27。

③ Yichun Xie, Frank J. Costa. "Urban Planning in Socialist China: Theory and Practice", Cities, Vol. 10, No. 2, 1993；陈映芳：《棚户区：记忆中的生活史》，上海古籍出版社 2006 年版。

出资进行住房建设和改善职工的生活条件在这一时期成为单位的主要职责之一，而"分房子"也成为单位制之下的核心福利项目之一。60年代所发生的这一城市更新模式的转变标志着中国城市从国家主导的、运动式的城市更新模式转变为独立自主的、工作单元式的城市更新模式。

　　以单位为主导的城市更新项目通常规模小而且速度较为缓慢。这一方面是由于生产单位往往并不掌握充足的资金和资源，另一方面则是由于这一时期国家严格控制土地分配。此外，受到时下政治文化与群众路线的影响，我国的城市住房更新领域在六七十年代也见证了短暂的"群众协商"的政策路径，这也在一定程度上延缓了实施的速度与效率。英国规划专家汤普森（Robin Thompson）在1974年对中国城市的住房更新项目展开了实证研究，观察了"单位制"之下的建设项目和"职工参与"如何开展[①]。根据其记录，一项单位主导的住房更新项目开始于意愿调查：单位会派出工作小组进行职工意愿的调查，在了解住房需求数量以后，会进一步征求对居住面积和建筑层数的意见。在确定了住房建设需求以后，单位开始"对上要政策"的努力。其中，从政府主管部门获批公有土地是一项艰难的、耗时耗力的工作。随后，在拆旧建新的过程中，单位不仅仅要为工人提供临时宿舍，还需要组织劳动力、筹备资金、准备生产材料。在计划经济体制下，我国城市单位链接了基层诉求与城市空间规划，也在获取政策支持和关键资源方面发挥着重要作用。

　　以单位为主导的城市更新项目以改善职工家庭的住房条件为首要目标，而建成住房的分配政策也充分体现了福利性质。新建成宿舍的分配标准既包括与工作相关的因素（例如工龄、职位级别、是

---

① Robin Thompson, "City Planning in China", *World Development*, Vol. 3, No. 7, 1975.

第二章 争议空间与空间争议：我国城市主义、城市空间与社会问题的历史演进

否双职工家庭等），也包括家庭规模和构成等与生活相关的因素。例如，家庭人口数量越多，所分到的住房面积往往会越大；相比年轻人而言，年长者更有可能会被分配到层数较低的、出入更便利的低层宿舍。在资本尚未俘获城市土地和房屋之前，非商品化的住房表达着全能国家的干预、福利主义的分配、需求导向的供给和再生产指向的政策思维[1]。以单位为主导的城市更新模式是时代的产物。这种模式的前提是社会主义公有制下城市土地与资源的分配政策；其过程体现了城市生产和再生产过程是如何被赋予了不同的重要性；而其结果则向我们揭示了前反城市化和前消费主义的政策影响下，城市空间变化是如何发生的。

始于1978年的市场化改革带来了我国城市发展模式的根本性转变。中国城市社会经历了与西方社会极其相似的新自由主义转型，并重构了国家、市场与社会之间的关系。首先，在政策层面上，市场化改革推动了城市土地与房屋的私有化，并将市场竞争机制引入城市开发过程中。随后发生的则是国家角色的转型，国家从"生产组织者"向"企业家"转变，并体现了国家力量的撤退与外卷化（The rdiing back and rolling out of the state）[2]。最后，我们看到的是一种新的治理理性的兴起：一方面，我们开始追求"更小的政

---

[1] Gill-Chin Lim, Man-Hyung Lee, "Political Ideology and Housing Policy in Modern China", *Environment and Planning C: Government and Policy*, Vol. 8, No. 4, 1990; Andrew G. Walder, "Property Rights and Stratification in Socialist Redistributive Economies", *American Sociological Review*, 1992; Fulong Wu, "Changes in The Structure of Public Housing Provision in Urban China", *Urban Studies*, Vol. 33, No. 9, 1996; Min Zhou, John R. Logan, "Market Transition and the Commodification of Housing in Urban China", *International Journal of Urban and Regional Research*, Vol. 20, No. 3, 1996; John R Logan, Yanjie Bian, Fuqin Bian, "Housing Inequality in Urban China in The 1990s", *International Journal of Urban and Regional Research*, Vol. 23, No. 1, 1999.

[2] Graham Burchell, Colin Gordon, Peter Miller, "*The Foucault Effect: Studies in Governmentality*", University of Chicago Press, 1991; Wendy Larner, "Neo-liberalism: Policy, Ideology, Governmentality", *Studies in Political Economy*, Vol. 63, 2000; Jamie Peck, "Neoliberalizing States: Thin Policies/Hard Outcomes", *Progress in Human Geography*, Vol. 25, No. 3, 2001; Fulong Wu, "Transitional Cities", *Environment and Planning A*, Vol. 35, No. 8, 2003.

府",另一方面,市场规范正逐渐成为新的"社会整合与治理机制"①。

在这一背景下,以国有企业为代表的各个"单位"被重组,这尤其体现为压缩国有企业的社会责任和福利职能,从而提高其生产效率和竞争力②。为了填补"单位制"的"退潮"而留下的治理空白,市场力量越发得到重视、培育和壮大。城市的消费功能逐渐复苏,不断为人们提供从单位剥离出来的各项公共服务;市场机制也逐渐取代了既有的行政主导的资源配置方式;民营企业和私有资本开始参与到城市服务供给之中。"单位制"的势式微不仅仅体现在公共服务与社会福利供给方面,更加体现在宏观意义上的经济、社会和政治生活方面,单位的作用也被明显地边缘化了,取而代之的是"包含广泛商品、资源和服务的市场"③。住房更新和重建不再是单位所承担的责任,其在住房建设和空间(再)生产中的角色被逐渐挤入的私人资本所替代。自20世纪80年代末以来,以单位为主导、以福利为导向的城市更新模式开始快速被市场主导的、房地

---

① Fulong Wu, "How Neoliberal Is China's Reform? the Origins of Change During Transition", *Eurasian Geography and Economics*, Vol. 51, No. 5, 2010; Victor Nee, "A Theory of Market Transition: From Redistribution to Markets in State Socialism", *American Sociological Review*, 1989; Lisa Hoffman, "Autonomous Choices and Patriotic Professionalism: On Governmentality in Late-Socialist China", *Economy and society*, Vol. 35, No. 4, 2006; Leong Liew, "China's Engagement with Neo-liberalism: Path Dependency, Geography and Party Self-reinvention", *The Journal of Development Studies*, Vol. 41, No. 2, 2005; Laurence J. C. Ma, "Urban Administrative Restructuring, Changing Acale Relations and Local Economic Development in China", *Political Geography*, Vol. 24, No. 4, 2005; Andrew Kipnis, "Neoliberalism Reified: Suzhi Discourse and Tropes of Neoliberalism in the People's Republic of China", *Journal of the Royal Anthropological Institute*, Vol. 13, No. 2, 2007.

② Qimiao Fan, "State-owned Enterprise Reform in China: Incentives and Environment", *China's Economic Reforms, the Costs and Benefits of Incrementalism*, 1994; Xiaoyi Hu, "Reducing State-owned Enterprises' Social Burdens and Establishing A Social Insurance System", *Policy Options for Reform of Chinese State-Owned Enterprises*, Washington, DC: World Bank, 1996; Xiaoyi Hu, "the State, Enterprises, and Society in Post-Deng China: Impact of The New Round of SOEreform", *Asian Survey*, 2000.

③ Frank N. Pieke, "The Communist Party and Social Management in China", *China Information*, Vol. 26, No. 2, 2012.

产导向的城市开发模式所取代。

我国房地产导向的城市更新模式之所以兴起，涉及背后一系列复杂的政策制度改革。在这一系列政策中，城市土地和房屋的市场化改革则起到了直接的推动作用。20世纪80年代初期，由中央政府所推行的土地改革赋予了城市公有土地以可交换的维度：土地使用权和所有权被明确界定并实现分离，其中前者实现了商品化并获准在市场上自由交换、买卖[1]。在土地改革政策推行以后，深圳率先践行了城市土地拍卖，成为我国土地改革的政策试验田。自20世纪90年代初期开始，许多其他城市也纷纷加入土地改革的行列，逐步放弃了行政式的土地划拨并尝试城市土地的招拍挂政策。日益开放和透明的土地市场是私人资本进入的前提和保障：资本不仅可以通过竞争来获得稀缺的土地资源，也越发被市场交换、级差地租和快速积累的美好前景所吸引[2]。

与土地改革并肩推行的是城市住房改革。从20世纪80—90年代末，城市国有住房通过补贴售卖给个人的方式，实现了私有化改革。住房再开发被视为一种纯粹的市场交换行为：个人基于市场价格将其房产出售给开发商，同时获得货币补偿，随后个人需要在市场上用货币购买新的房屋。自20世纪90年代末开始，中国城市纷纷卷入了狂热的房地产开发浪潮，也见证了狡黠的资本的"新发明"：货币补偿[3]。正如道尔（David Dowall）所指出的那样，货币补偿使得资本快速囤积土地，这也是推动香港、首尔和新加坡等地

---

[1] George CS Lin, Samuel PS Ho, "The State, Land System, and Land Development Processes in Contemporary China", *Annalsof the Association of American Geographers*, Vol. 95, No. 2, 2005; Youtien Hsing, *the Great Urban Transformation: Politics of Land and Property in China*. Oxford: Oxford University Press, 2010.

[2] Jieming Zhu, "A Transitional Institution for The Emerging Land Market in Urban China", *Urban Studies*, Vol. 42, No. 8, 2005.

[3] Fulong Wu, "Urban Poverty and Marginalization Under Market Transition: The Case of Chinese Cities", *International Journal of Urban and Regional Research*, Vol. 28, No. 2, 2004.

快速城市化的重要手段①。货币补偿政策的推行也代表着中国正式进入了市场导向的城市开发模式②。

20世纪90年代末,在土地、房屋、金融、地方监管等一系列改革措施的共同推动之下,中国形成了繁荣的城市房地产市场。在供给侧,地方政府纷纷加入放松管制、鼓励投资、风险共担和投机性的开发模式当中。随着城市土地价格的攀升,土地开发所带来的级差地租愈发诱人,这又进一步刺激了新的投资和新一轮的地租上涨,并造成了城市房屋价格上涨的恶性循环。在需求侧,新的国家策略应运而生:通过放宽银行信贷从而培育购买需求、提高居民支付能力;同时通过建立住房公积金制度,来强制性提取工资的固定比例作为个人购房投资的预备性储蓄③。

可以看出,市场主导的城市发展模式之所以出现,不仅仅与体制转型和政策改革相关,也涉及观念和公众意识的重塑。土地不再被视为集体所有的生产材料,而是一种具有交换价值的市场资源;住房不再是社会主义国家福利的一部分,而是一种可以买卖的商品④。与此同时,最为重要的是对于消费者身份和消费意识的培养:为配合市场规范,个人越发被视作理性个体、负责任的消费者。而这种身份预期则需要个人明智地、审慎地、积极地投资房地产市

---

① David E Dowall, "Urban Residential Redevelopment in The People's Republic of China", *Urban Studies*, Vol. 31, No. 9, 1994.

② Jonathan R. Schiffer, "State Policy and Economic Growth: A Note on the Hong Kong Model", *International Journal of Urban and Regional Research*, Vol. 15, No. 2, 1991; Jieming Zhu, "The Effectiveness of Public Intervention in the Property Market", *Urban Studies*, Vol. 34, No. 4, 1997; Anne Haila, "Real Estate in Global Cities: Singapore and Hong Kong As Property States", *Urban Studies*, Vol. 37, No. 12, 2000.

③ Xiaoxi Hui, "The Chinese Housing Reform and the Following New Urban Question", in Paper for *the 4th Inter-National Conference of the International Forum on Urbanism*, 2009.

④ Ibid. .

场，从而满足其自身对于住房的需要①。换句话说，不仅仅是住房的所有权性质发生了转变，城市房屋本身的象征意义也悄然改变：住房不再是国家免费提供的福利，而是商品，是个人与家庭的责任，也是市场上的投资机会。单位、集体、福利、统一分配等概念越发与城市房屋相剥离，淡出了公共政策话语以及人们的观念。政策与观念意识的变化共同孕育了成熟的住房市场，而这又进一步推动了房地产开发的进程。

在房地产主导下的中国城市发展迅猛，并给中国城市带来了翻天覆地的变化。以上海为例，20世纪90年代如雨后春笋般出现的摩天大楼、星级酒店和豪华办公楼重塑了上海的城市风貌，这一现象被称为"上海泡沫"，并引发了学者的关注与讨论②。有这样一组数据，可以揭示出上海90年代城市建设的速度："在1994年，上海的新建房屋面积为25万平方米，而1995年则新建125万平方米，足足是前一年的5倍"③。上海泡沫出现的原因，一方面在于其对国内投资的吸引力，而另一方面在于上海这个城市对于国际资本

---

① Louis A Rose, "Land Values and Housing Rents in Urban Japan", *Journal of Urban Economics*, Vol. 31, No. 2, 1992; Nikolas Rose, "the Death of the Social? Re-Figuring the Territory of Government", *International Journal of Human Resource Management*, Vol. 25, No. 3, 1996; Deborah (Ed.) Davis, *the Consumer Revolution in Urban China*, (Vol. 22), University of California Press, 2000; Punn Gai, "Subsumption Or Consumption? The Phantom of Consumer Revolution in " Globalizing" China", *Cultural Anthropology*, Vol. 18, No. 4, 2003; Jieming Zhu, "A Transitional Institution for The Emerging Land Market in Urban China", *Urban Studies*, Vol. 42, No. 8, 2005; Lisa Hoffman, "Autonomous Choices and Patriotic Professionalism: on Governmentality in Late-Socialist China", *Economy and Society*, Vol. 35, NO. 4, 2006; Xiaoxi Hui, "The Chinese Housing Reform and the Following New Urban Question", in Paper for *the 4th Inter-National Conference of the International Forum on Urbanism*, 2009; Andrew Kipnis, "Neoliberalism Reified: Suzhi Discourse and Tropes of Neoliberalism in The People's Republic of China", *Journal of the Royal Anthropological Institute*, Vol. 13, No. 2, 2007.

② Joshua Cooper Ramo, "The Shanghai Bubble", *Foreign Policy*, 1998; Anne Haila, "Why is Shanghai Building A Giant Speculative Property Bubble?", *International Journal of Urban and Regional Research*, Vol. 23, No. 3, 1999; David Harvey, *A brief History of Neoliberalism*. Oxford University Press, 2005.

③ David Harvey, *A brief History of Neoliberalism*, Oxford University Press, 2005.

的开放性。1996 年，进入上海房地产市场的国外资本为 10.5 亿美元，到了 1997 年，这一数字则上升为 13.3 亿美元[①]。

除了上海以外，全国各地也逐渐掀起了大规模的城市拆迁运动，为城市房地产开发清除道路，提供大量的空地。根据已有研究的数据显示，1990—1998 年间，北京有 420 万平方米的房屋被拆除，而上海则拆除了 3300 万平方米住宅，重新安置居民达 74.5 万户[②]。而大规模的城市拆迁不仅发生在中国大城市，也同样发生在其他较小的城市中。自 2000 年起，城市拆迁运动可全国扩展。例如，从 2012—2014 年间，济南市棚户区改造项目造成了约 2 万户家庭的搬迁；在成都，2002—2004 年底期间，有 41 万平方米的建筑物被拆除，11.4 万户居民被重新安置；中国北方的小城市牡丹江同样雄心勃勃地推进着城市拆迁计划，在 2008—2010 年期间，该市投资 10 亿元人民币用以改造 44 个棚户区，3.6 万户实现了搬迁。

在 20 世纪 90 年代末，中国城市已然成为"狂热的房地产开发和房地产投机的场所"[③]。在很多方面，我国的城市更新运动与美国 20 世纪 50 年代的大规模城市拆除室建运动有着极为相似的表征和逻辑。在市场这一表层上，资本源源不断的流入和空间的资本循环直接带动了城市土地开发的狂热。然而在这一现象的背后，更重要的推动力是一种发展导向的地方治理理性。许多城市政府愈发表现出了"风险承担"的政策倾向[④]：为了推动地方发展，愿意承担土地投资监管与收益的风险、城市规划对于城市形态

[①] Fulong Wu, "China's Recent Urban Development in the Process of Land and Housing Marketisation and Economic Globalisation", *Habitat International*, Vol. 25, No. 3, 2001.

[②] Senjing He, Fulong Wu, "Socio-spatial Impacts of Property-led Rredevelopment on China's Urban neighbourhoods", *Cities*, Vol. 24, No. 5, 2007; Zuzana Klimova, "*Public Participation in Urban Renewal Projects*", International Master's Programme in Environmental Studies and Sustainability Science (Thesis), Lunds University, 2010.

[③] David Harvey, *A brief History of Neoliberalism*, Oxford University Press, 2005, p. 133.

[④] David Harvey, *A brief History of Neoliberalism*, Oxford University Press, 2005.

难以约束的风险以及伴随着城市空间重塑所带来的社会风险。不同层级的政府在快速的城市（再）发展过程中有着什么样的利益追求与政策目标？或者说，我国快速的城市发展背后有着怎样的政治经济学逻辑？

二 从"管理主义"到"企业主义"：争议的空间及其政治经济逻辑

（一）城市橱窗：经济发展与"合法性"塑造的国家战略

计划经济时期所推行的前城市化策略与抑制消费政策在一定时期推动了中国工业的飞速发展，但同时也引发了一系列不良的经济后果。这些不良后果在 20 世纪 70 年代开始逐渐显现。在这一时期，国家主导的工业化积累的逻辑到达了其承受极限。正如吴缚龙所评价的那样，这一积累危机具体表现为："在国有制内部及外部都缺乏有效需求"[①]；同时，"国家主导的积累过程无法有效利用闲置的生产资料（尤其是生产力），也无法通过毫无积累空间的经济体系来重组与再回收这部分生产资料"[②]。而改革开放则是国家层面所推行的对这一积累危机的应对策略：它为进一步的积累打开了新的空间，也为我国经济增长创造了新的通道。我国的市场化改革通过发展高科技产业与第三产业来重组产业结构，并打开了国内的消费市场[③]；同时，通过发展出口导向的经济、吸引外资并加入国际金融体系等一系列举措，国内的资本积累通过全球化战略而向外

[①] Fulong Wu, "Transitional Cities", *Environment and Planning A*, Vol. 35, No. 8, 2003.

[②] Fulong Wu, "How Neoliberal is China's Reform? the Origins of Change During Transition", *Eurasian Geography and Economics*, Vol. 51, No. 5, 2010.

[③] David Harvey, *A Brief History of Neoliberalism*, Oxford University Press, 2005; David Harvey, "Neoliberalism as Creative Destruction", *the Annals of The American Academy of Political and Social Science*, Vol. 610, No. 1, 2007.

延伸。然而，最值得关注的依旧是房地产业的发展，其成为我国经济发展的引擎，并重塑着我国经济形态与社会结构①。

如果把视线投至全球，会发现许多国家经济的腾飞与房地产业的崛起都密不可分：例如，20世纪七八十年代英国经济发展的黄金时期伴随着房地产业的兴盛，而80年代香港与新加坡的经济发展也建立在房地产业的快速发展之上②。自20世纪80年代末以来，中国的房地产行业逐渐进入快速发展阶段，并于90年代达到黄金时期，从而成为中国"新的经济增长点"③。一方面，我国房地产业的兴盛直接带动了多个领域的经济复苏：例如钢铁、水泥、机械和家具等与房地产紧密相关的行业。与此同时，房地产业开辟了一个更加昂贵的消费市场，用层出不穷的宣传手段来刺激人们购买更大的、更加昂贵的房屋④。更为重要的是，永不停歇的房屋建筑业对于吸纳经济转型期和城市化进程所"挤出"的过剩劳动力发挥了极其重要的作用。那些90年代国企下岗潮中的下岗工人，以及随着城市化进程所到来的大量农村转移人口，都被城市中大规模的拆除重建工程所吸收。从而，房地产业也发挥着社会稳定和秩序重建的作用。从国家治理的宏观视角出发，发展房地产业一时被看作是应对转型期各种社会和经济问题的"灵丹妙药"。

---

① Fulong Wu, "China's Changing Urban Governance in The Transition Towards A More Market-oriented economy", *Urban Studies*, Vol. 39, No. 7, 2002.

② Jonathan R Schiffer, "State Policy and Economic Growth: A Note on the Hong Kong model", *International Journal of Urban and Regional Research*, Vol. 15, No. 2, 1991; Jieming Zhu, "the Effectiveness of Public intervention in The Property Market", *Urban Studies*, Vol. 34, No. 4, 1997.

③ Fulong Wu, "China's Recent Urban Development in The Process of Land and Housing Marketisation and Economic Globalisation", *Habitat International*, Vol. 25, No. 3, 2001.

④ George CS Lin, "State, Captial, and Space in China in An Age of Volatile Globalization", *Environment and Planning A*, Vol. 32, No. 3, 2000; Fulong Wu, "China's Recent Urban Development in the Process of Land and Housing Marketisation and Economic Globalisation", *Habitat International*, Vol. 25, No. 3, 2001.

第二章 争议空间与空间争议:我国城市主义、城市空间与社会问题的历史演进

中国快速的城市化发展进程引起了许多学者的研究兴趣,并被称作是通过空间修复来解决资本积累危机的新自由主义策略。这种解读似乎更加关注经济层面的政策逻辑。然而,正如上文所述,我国房地产导向的城市更新也是转型期国家治理策略的重要构成部分,具有更加深层的社会与政治思考逻辑。因此,在房地产业几经危机之际,大规模的城市拆除重建运动也并未真正减速或终止[①]。

在计划经济时期,国家政治合法性主要来自于一系列根植于社会主义意识形态的价值规范,例如工人阶级的领导权、平均主义以及社会主义制度的优越性认知等。随着市场化改革的进程,原有的社会规范逐渐式微并日益碎片化。与此同时,中国社会也面临着新的挑战:例如,区域发展的不均衡,社会阶层分化与空间分异以及基本公共服务可及性不均等。在这一背景下,既有的合法性构建策略在社会转型中逐渐失效,需要重构国家合法性的表达形式与逻辑。应运而生的则是以经济为中心的一系列合法性话语体系,而推动经济持续增长成为新的国家合法性构建的战略选择[②]。于是,自20世纪80年代以来,在全国范围内见证了以经济发展和现代化建设为核心的政治话语体系的构建。其中包括邓小平在20世纪80年代提出"小康社会"的奋斗目标,其将建设富强民主的社会上升为国家层面的政治追求,为中国人民描绘了实现中华民族伟大复兴的美好未来。而在实践层面,中国在经济发展和现代化建设方面所取得的成就的确显著增强了我国政府的合法性。

其他学者也从不同角度谈及这一时期我国合法性重构问题。其

---

① 在中国,房地产行业在国内生产总值(GDP)中所占的比重越来越大,在 2013 年曾高达 16%。可以说,如此高的占比,预示着中国社会可能处于爆发经济泡沫的危险境地。

② Sangbum Shin, "Economic Globalization and the Environment in China: A Comparative Case Study of Shenyang and Dalian", *the Journal of Environment & Development*, Vol. 13, No. 3, 2004; Donald M Nonini, "Is China Becoming Neoliberal?" *Critique of Anthropology*, Vol. 28, No. 2, 2008; Fulong Wu, "How Neoliberal is China's Reform? the Origins of Change During Transition", *Eurasian Geography and Economics*, Vol. 51, No. 5, 2010.

中，刘华兴和雷恩（John Raine）指出，中国经济在过去30年中所取得的巨大成功，不仅仅显著增强了民众对中央政府的信任，也进一步强化了中央政府的政治合法性①。与此同时，他们也指出了一种"怪诞市民心理学"的作用：中国民众具有向上归功和向下问责的心态。普通公众更倾向于将经济发展的成就归功于中央政府，而将导致社会问题的责难归于地方政府的治理无效。此外，彭轲（Frank Pieke）指出，在政治领域，中国正经历着一场"新社会主义转型"，这意味着"共产主义乌托邦已被一个强大、和平、现代中国的技术官僚目标所取代"②。对此观点进行回应，贝斯莱（Shaun Breslin）则进一步指出，中国社会已经实现了从强调政治动员到注重经济动员的转变③。随着经济建设这一目标日益成为国家与公众共同认可的合法性来源，"中国的社会主义治理方式与市场资本运作技术"正日益形成更具中国特色的共生关系④。

国家如何来展现其在推动经济发展方面的成效，又如何通过经济发展来重构其合法性？这一国家治理层面的诉求最终落脚于快速的城市化和城市空间更替。这主要是因为快速的城市发展是高度可见的，物质空间的更新对公众来说也是可以切身体验的。相较于抽象的经济指标（例如：中国每年8%的高速GDP增速），城市建成环境则可以更为直接地影响居民的生活幸福感，并更有力地印证着中国社会与经济的腾飞。因此，自20世纪80年代以来，快速的城市化和大规模的城市更新作为一种构建合法性的国家战略而在全国各个

---

① Huaxing Liu, John W. Raine, "Why Is There Less Public Trust in Local Government than in Central Government in China?", *International Journal of Public Administration*, Vol. 39, No. 4, 2016.

② Frank N. Pieke, "The Communist Party and Social Management in China", *China Information*, Vol. 26, No. 2, 2012.

③ Shaun G. Breslin, "China: Developmental State or Dysfunctional Development?", *Third World Quarterly*, Vol. 17, No. 4, 1996.

④ Frank N Pieke, "The Communist Party and Social Management in China", *China Information*, Vol. 26, No. 2, 2012.

地方推广开来。为了最大限度地展现发展成果，中国的城市化遵循着固定的景观范式：高耸的摩天大楼与美国式的现代化，由高档写字楼构成的CBD，典雅的购物中心与酒店比邻而聚，博物馆、剧院和画廊等受到中产阶级青睐的文化场所随处可见。与此同时，国家也致力于重塑有关城市生活的新的话语体系，通过媒体再生产了城市形象，将城市生活塑造为现代的、富足的和幸福的代名词。在这方面，最为经典的例子当属2010年上海世博会的宣传口号："城市，让生活更美好"。对此，玄邦申（Hyun Bang Shin）评价道，改革开放以来的中国城市化进程可以被视作一项兼顾意识形态和政治价值的伟大工程，通过重塑城市居民对城市生活与现代化建设的认知，成功地构建了城市环境与国家政治合法性的内在关联性[①]。

城市是展现中国经济发展与国家政治合法性的橱窗。改革开放以后，正是通过快速的城市化和大规模的内城更新，国家才得以有效应对危机并成功地重塑了政治合法性。自20世纪80年代以来，中国城市被赋予了新的政治经济角色：城市不再是"容纳工业生产的场所"，而是成为"积累的物质空间和有效手段"[②]。中国的城市不仅在功能上得以转变，其象征意义也得以重塑，成为财富、现代化、幸福、繁荣的象征空间。虽然国家层面的政策是我国城市发展重要的推动力，地方却发挥着比国家更加直接的助推作用。地方政府为何热衷于内城更新与拆迁运动？

（二）地方的发展逻辑：土地的经济与经济的政治

在市场化改革浪潮中，伴随着经济自主权的下放，地方上也被赋予更多的行政权力，成为城市发展的主导者。城市政府在规划区

[①] Hyun Bang Shin, "Contesting Speculative Urbanisation and Strategising Discontents", *City*, Vol. 18, No. 4-5, 2014.

[②] Fulong Wu, "Transitional Cities", *Environment and Planning A*, Vol. 35, No. 8, 2003.

域发展方面的自主权也得以显著增强,并在土地和资金配置、招商引资、基础设施建设等方面拥有了越来越多的话语权。而中央政府对于地方发展事务的干预逐渐后撤,国家层面的干预已经退回到最传统的基本职能(外交、国防等领域)[1]。对此,有些学者认为中国正在转向事实上的联邦制:中国的央地关系"越来越像联邦制一样运作"[2],其具体运作逻辑则是一种"保护市场的联邦制"[3]。也就是说,为促进地方的快速发展,我国的央地关系已然被重塑,以期通过地方赋权和地方竞争的方式来刺激地方活力[4]。因此,以市场化改革为契机,地方政府逐步取代了中央政府,成为地方发展的决策中心和地方经济发展的引擎。

经济层面的地方自主性与央地分权同时伴随着政治维度上的权力集中与中央监管重构。而正是通过后者,中央政府依旧可以对地方发展议程实施有效的监督和影响。正如福柯所评论的那样,国家权力的撤退并不代表权力削弱,相反地,国家可以通过"远程的治

---

[1] Li Zhang, Brumann, Christoph, Chen, NancyN, Hsing, Youtien, Siu, HelenF, Smart, Alan, Tomba, Luigi, Li Zhang, "Contesting Spatial Modernity in Late-socialist China", *Current Anthropology*, Vol. 47, No. 3, 2006; Barry Naughton, "*Growing out of the Plan: Chinese Economic Reform, 1978 - 1993*", Cambridge University Press, 1996; Andrew G Walder, "the Decline of Communist Power: Elements of A Theory of Institutional Change", *Theory and Society*, Vol. 23, No. 2, 1994; Shaoguang Wang, "The Rise of The Regions: Fiscal Reform and The Decline of Central State Capacity in China", *The Waning of The Ommunist State: Economic Origins of Political Decline in China and Hungary*, 1995.

[2] Yongnian Zheng, "Explaining the Sources of De Facto Federalism in Reform China: Intergovernmental Decentralization, Globalization, and Central-local Relations", *Japanese Journal of Political Science*, Vol. 7, No. 2, 2006.

[3] Olivier Blanchard, Andrei Shleifer, "Federalism with and without Political Centralization: China Versus Russia", *IMF staff papers*, Vol. 48, No. 1, 2001.

[4] Yingyi Qian, Barry R Weingast, "Federalism As A Commitment To Perserving Market Incentives", *the Journal of Economic Perspectives*, Vol. 11, No. 4, 1997; Jean C Oi, "Fiscal Reform and The Economic Foundations of Local State Corporatism in China", *World Politics*, Vol. 45, No. 1, 1992; Gabriella Montinola, Yingyi Qian, Barry R Weingast, "Federalism, Chinese Style: the Political Basis for Economic Success in China", *World Politics*, Vol. 48, No. 1, 1995; George CS Lin, "State, Captial, and Space in China in An Age of Volatile Globalization", *Environment and Planning A*, Vol. 32, No. 3, 2000.

理"来实现对于地方的监管（governing at a distcmce）。在我国，中央的政治影响与监管主要通过党的监督和地方官员的人事任用来实现。而从中央到地方干部选用中的"经济发展绩效"导向则不断推动地方官员创造更好的经济绩效与更快的城市发展成效①。具体来说，我国政府的体制内部采用了一种"标尺竞争"②或"晋升锦标赛"③的制度，而只有在地方经济发展和城市建设方面取得卓越成就的地方官员才可以在其中胜出从而得到升任。在这种锦标赛中，大规模的城市建设自然成为地方官员的竞争标尺。兴建城市基础设施与推行旧城改造不仅能有力刺激本地区房地产行业的发展，也为地方领导个人带来了高度可视化的成就④。

1994年所推行的分税制度不仅极大地改变了央地关系，也直接导致了著名的、极具争议的"土地财政"的出现。一方面，在20世纪90年代的分权改革中，包括医疗、教育、住房等公共服务供给的责任进一步下放给地方，成为城市政府的主要职能。另一方面，分税制改革则将地方收入中较大比例的份额上缴中央⑤。因此，由于事权下放和财权上收之间的悖论，我国地方政府自90

---

① Hongbin Li, Li-An Zhou, "Political Turnover and Economic Performance: The Incentive Role of Personnel Control in China", *Journal of Public Economics*, Vol. 89, No. 9, 2005.

② Li Zhang, Brumann, Christoph, Chen, Nancyn, Hsing, Youtien, Siu, Helenf, Smart, Alan, Tomba, Luigi, Li Zhang, "Contesting Spatial Modernity in Late-Socialist China", *Current Anthropology*, Vol. 47, No. 3, 2006.

③ Li-An Zhou, "Governing China's Local Officials: An Analysis of Promotion Tournament Model", *Economic Research Journal*, Vol. 7, No. 36, 2007.

④ Gang Guo, "China's Local Political Budget Cycles", *American Journal of Political Science*, Vol. 53, No. 3, 2009.

⑤ Jean C Oi, "Fiscal Reform and The Economic Foundations of Local State Corporatism in China", *World Politics*, Vol. 45, No. 1, 1992; Andrew G Walder, "The Decline of Communist Power: Elements of A Theory of Institutional Change", *Theory and Society*, Vol. 23, No. 2, 1994; Kellee S Tsai, "Off Balance: the Unintended Consequences of Fiscal Federalism in China", *Journal of Chinesepolitical Science*, Vol. 9, No. 2, 2004; Li Zhang, Brumann, Christoph, Chen, Nancyn, Hsing, Youtien, Siu, Helenf, Smart, Alan, Tomba, Luigi, Li Zhang, "Contesting Spatial Modernity in Late-Socialist China", *Current Anthropology*, Vol. 47, No. 3, 2006.

年代起便面临着愈发严重的财政危机。为平衡地方政府的财政赤字、缓冲地方对于新税制的抵触情绪，土地财政则作为"央地妥协"的结果而出现，成为一种新的地方创收方式。土地出让金不仅仅可以作为城市政府稳定的收入来源，也可以豁免中央的财政上缴。

伴随着土地财政的出现，城市政府越发热衷于土地征收与土地拍卖。晋升和政治绩效以长远的政治回报为动力，激励着地方官员追求快速的城市发展，而土地财政则用短期的、更为现实的财政动力，敦促着城市追逐大规模的拆迁运动。也正是因为土地财政的出现及其对于地方的重要意义，追求土地的交换价值成为了城市政府重要的政策目标之一，从而我国城市政府变得更加像"企业家"和"土地开发商"。

在上文的论述中，我们试图分析中国城市发展背后所隐含的政治经济学逻辑。而正如我们所论述的那样，这既是一种"政治"的理性，也是一种"经济"的理性。伴随着市场化改革的深入，"城市现代性，而非工业现代性，越发虏获了中国城市政治精英的政策想象"[1]。

城市化进程正在重新定义着我国地方的政策议程，也重塑了中央、地方、市场和社会之间的关系。对此，佑田辛（You-Tien Hsing）进一步评论道："我们用单一维度意义上的国家主导的城市化这一概念并不合适，因为中国的地方政府与城市化进程之间是一种更加复杂的辩证关系，可以将其称之为地方政府自身的城市化"[2]。而随着地方发展主义和公共政策的城市化情结逐渐占据主流地位，新的城市现象（urhan phenomenon）和城市过程（urhan process）

---

[1] You-Tien Hsing, *The Great Urban Transformation: Politics of Land and Property in China*, Oxford: Oxford University Press, 2010, p. 6.

[2] Ibid., p. 7.

在中国开始出现。自20世纪90年代末开始,许多城市见证了地方政府主导之下的"增长联盟"的诞生与发展壮大,其对城市形态重塑发挥着至关重要的作用[1]。与此同时,许多研究也纷纷讨论中国地方政府治理理性的转型。正如哈维所论述的那样,中国的城市政府也在经历着从管理主义向企业主义的转变,从而变得具有投资导向、更具有风险承担意识并更加积极地投入到全球资本的竞争当中去[2]。最后,随着中国在全球投资市场中的开放程度不断深化,各个城市与全球金融体系和全球资本积累过程形成了越发紧密的联结纽带。至此,中国已经成为"逐渐走向全球化的城市化进程的一个震中"[3],全球——地方关系的话语逻辑在阐释中国城市化和城市发

---

[1] Harvey Molotch, "The City As A Growth Machine: Toward A Political Economy of Place", *American Journal of Sociology*, Vol. 82, No. 2, 1976; Harvey Molotch, "Growth Machine Links: Up, Down, and Across", *The Urban Growth Machine: Critical Perspectives Two Decades Later*, 1999; Jieming Zhu, "Local Growth Coalition: The Context and Implications of China's Gradualist Urban Land Reforms", *International Journal of Urban and Regional Research*, Vol. 23, No. 3, 1999; Tingwei Zhang, "Urban Development and A Socialist Pro-Growth Coalition in Shanghai", *Urban Affairs Review*, Vol. 37, No. 4, 2002; Shenjing He, Fulong Wu, "Socio-Spatial Impacts of Property-Led Redevelopment on China's Urban Neighbourhoods", *Cities*, 2007, Vol. 24, No. 3; Jiang Xu, Anthony Yeh. "Decoding Urban Land Governance: State Reconstruction in Contemporary Chinese Cities", *Urban Studies*, Vol. 46, No. 3, 2009.

[2] David Harvey, "From Managerialism to Entrepreneurialism: The Transformation in Urban Governance in Late Capitalism", *Geografiska Annaler. Series B. Human Geography*, 1989; Helga Leitner, "Cities in Pursuit of Economic Growth: the Local State As Entrepreneur", *Political Geography Quarterly*, Vol. 9, No. 2, 1990; Jamie Peck, "Neoliberalizing States: Thin Policies/Hard Outcomes", *Progress in Human Geography*, Vol. 25, No. 3, 2001; Jamie Peck, "Geography and Public Policy: Constructions of Neoliberalism", *Progress in Human Geography*, Vol. 28, No. 3, 2004; Neil Brenner, Nik Theodore, "Cities and the Geographies of "Actually Existing Neoliberalism"", Vol. 34, No. 3, 2002; Bob Jessop, "Liberalism, Neo-Liberalism and Urban Governance: A State Theoretical Perspective", *Antipode*, Vol. 34, No. 3, 2002; Fulong Wu, "The (Post-) Socialist Entrepreneurial City Asa State Project: Shanghai's Reglobalisation in Question", *Urban Studies*, Vol. 40, No. 9, 2003; Fulong Wu, "China's Great Transformation: Neoliberalization As Establishing A Market Society", *Geoforum*, Vol. 39, No. 3, 2008.

[3] David Harvey, *Rebel Cities: from the Right to the City to the Urban Revolution*, Verso Books, 2012, p. 12.

展方面也愈发有说服力①。

具有争议性的空间生产过程引发了围绕着空间权利所展开的空间争议。在过去的三十年里，中国的城市发展更多地体现了一种"投机性的城市化模式"。这种"投机性的城市化模式"追求着城市土地的交换价值与快速的资本积累过程。何深静与吴缚龙回应了这一观点，他们指出，中国社会正经历着"日趋新自由主义化的城市化进程"，这主要体现在中国的城市发展"已成为资本空间积累的重要组成部分……这一过程见证了公共财政补贴的房产投资和更倾向于短期回报收益的投资过程"②。伴随着这一空间生产过程，城市居民权利则成为引发广泛关注的社会议题。与此同时，城市也被赋予了新的政治意义与符号意义：城市空间成为追求平等与权利的场域。

三 空间区位、空间正义与空间权利：中产阶层化进程中的空间争议

（一）内城即权利

哈维对于私有化和中产阶层化、城市空间区位和城市权利（剥夺）做出了精彩的论述。他指出，"对于公有资产的企业化、商业化和私有化是新自由主义进程的显著特征"，因为这些举措通过

---

① Erik Swyngedouw, "Neither Global Nor Local: 'Glocalization' and the Politics of Scale", *Spaces of Globalization: Reasserting the Power of the Local*, 1997; Fulong Wu, "Urban Restructuring in China's Emerging Market Economy: Towards A Framework for Analysis", *International Journal of Urban and Regional Research*, Vol. 21, No. 4, 1997; Fulong Wu, . "How Neoliberal Is China's Reform? the Origins of Change During Transition", *Eurasian Geography and Economics*, Vol. 51, No. 5, 2010; Laurence J. C. Ma, "Economic Reforms, Urban Spatial Restructuring, and Planning in China", *Progress in Planning*, Vol. 61, No. 3, 2004.

② Shenjing He, Fulong Wu, "China's Emerging Neoliberal Urbanism: Perspectives from Urban Redevelopment", *Antipode*, Vol. 41, No. 2, 2009.

"将那些资本原本无法触碰的领域打开,将其利润回报变得透明可见,从而为资本积累开放新的领域"①。而这一私有化举措则进一步拓展并深化了"剥夺式积累"的过程。哈维进一步以英国为例来论述了这一观点。他指出,撒切尔夫人在20世纪80年代所推行的一系列公共住房私有化改革实际上"在伦敦都市区建立了一种土地与房屋的价格体系结构,从而以价格机制限制了低收入群体甚至中产阶级居住,并享有伦敦市中心的权利"②。我们在中国的市场化改革与城市发展模式的变迁中,可以发现与英国的相似之处。其中,住房私有化改革也同样推动了资本对城市空间的侵入。城市居民也同样在住房的私有化进程中获得新的身份:房屋业主。新的产权与身份是否给我国城市居民带来了新的权利?

纵观历史,对中心区位的争夺自始至终伴随着人类的工业化进程和城市化进程。在百年前的、城市化如火如荼进行中的英国,对城市中心区位的争夺已然出现了。恩格斯对此进行了评论,他指出,空间争夺体现在"低经济价值"的工薪阶层住宅被挤出城市的中心地带,取而代之进驻市中心的则是在工业化浪潮中那些利润回报率更高的工业车间和仓库③。二战之后,在许多发达资本主义国家,开始了新的一轮对于城市中心区位的争夺。20世纪50—70年代工人阶级对城市中心的占有被称作"内城衰落"时期,而紧随其后的则是国家大力推动下的"城市文化复兴",其目的是使城市中心更具魅力并重新成为中产阶级所青睐

---

① David Harvey, "Neoliberalism As Creative Destruction", *the Annals of the American Academy of Political and Social Science*, Vol. 610, No. 1, 2007.

② David Harvey, *Rebel Cities: from the Right to the City to the Urban Revolution*, Verso Books, 2012, p. 20.

③ Frederick Engels, The Condition of the Working Class in England, In B McNamara, ed. *The Sociology and Politics of Health*, Routledge, 2005.

的居住场所[1]。正如列斐伏尔（Henri Lefebvre）所评论的那样，在很多层面上，城市中心区位都象征着一种"特权场所"[2]。这不仅仅是因为中心区位具有"人为创造的、巨大的、不断增长的交换价值"[3]，更因为其被赋予了一种社会群体的权利想象和权利争夺之维度。

在我国，20世纪80年代以来加速的城市化进程不断塑造着这样一个作为"特权场所"的城市中心区位。可以看到的是，城市化在不断塑造着最繁华的内城，在这里集聚着最现代化的建筑、最便捷的公共交通，也使得这里成为购物天堂以及教育、医疗等公共服务最完善之地。最核心的城市区域与郊区在生活方式和公共资源方面存在着巨大差距，而火热的内城更新项目又无时无刻不在拉大城乡发展的不均衡。从而，在我国，城市中心区位也是最理想的居所和最具吸引力的投资之地。内城承载着不同社会群体对美好城市生活之梦想：它为城市经营提供了奢华而独享的空间，完美地契合了中产阶级对于现代城市生活方式的想象，赋予低收入群体更多的就

---

[1] Neil Smith, "Gentrification and Uneven Development", *Economic Geography*, Vol. 58, No. 2, 1982; Neil Smith, "New Globalism, New Urbanism: Gentrification As Global Urban Strategy", *Antipode*, Vol. 34, No. 3, 2002; Douglas S Massey, Nancy A Denton, "Suburbanization and Segregation in US Metropolitan Areas", *American Journal of Sociology*, 1988; Peter Mieszkowski, Edwin S Mills, "The Causes of Metropolitan Suburbanization", *The Journal of Economic Perspectives*, Vol. 7, No. 3, 1993; Tony Champion, "Urbanization, Suburbanization, Counterurbanization and Reurbanization", *Handbook of Urban Studies*, Vol. 160, No. 1, 2001; Stuart Cameron, "Gentrification, Housing Redifferentiation and Urban Regeneration: 'Going for Growth' in Newcastle Upon Tyne", *Urban Studies*, Vol. 40, 2003; Shenjing He, Fulong Wu, "Socio-Spatial Impacts of Property-Led Redevelopment on China's Urban Neighbourhoods", *Cities*, Vol. 24, No. 3, 2007.

[2] Eleonore Kofman, Elizabeth Lebas, "Lost in Transposition – Time, Space and the City," in Kofman E, Lebase, Eds. *Writingson Cities*, 1996, p. 34.

[3] Frederick. *the Condition of the Working Class in England in 1844*, Trans. FK Wischnewetzky, New York: John W. Lovell Company, 1845; David Harvey, *Rebel Cities: from the Right to the City to the Urban Revolution*. Verso Books, 2012, p. 17.

业岗位，以及那些寄托在教育资源均等化之上的社会契机[1]。那么，哪些社会群体有权利居住并享有这样美好的城市中心？

（二）士绅的内城：城市规划的移动范式与市场补偿机制的空间分化效应

在计划经济时期，我国内城核心区域遍布着工厂车间和工人阶级的生活单元。此时，这无疑是工人阶级和工业生产主导的内城空间。内城的性质在20世纪90年代发生了根本性的变化。一方面，随着国企改革和工人下岗，内城空间经历了物质环境和社会性的双重衰败。与此同时，在资本的推动下，中心城区的土地变得愈发昂贵并更具吸引力。城市规划开始倾向于新的空间想象：下岗工人和工厂不再是中心城区最理想的构成对象，内城应该成为CBD、高档购物中心、旅游景点、文化中心以及高档住宅区的聚集地。在接下来的几十年中，一轮接一轮的内城改造项目实现了居民构成与空间形态的更替[2]。无论是中国城市，抑或是诸如纽约、伦敦等资本主义城市，城市的中心地带正不可避免地走向"中产阶层化"并被重

---

[1] Si-Ming Li, Yat-Ming Siu, "Residential Mobility and Urban Restructuring under Market Transition: A Tudy of Guangzhou, Chin", *The Professional Geographer*, Vol. 53, No. 2, 2001; Mark Purcell, "Excavating Lefebvre: the Right to the City and Its Urban Politics of the Inhabitant", *Geojournal*, Vol. 58, No. 2, 2002; Laurence J. C. Ma, "Economic Reforms, Urban Spatial Restructuring, and Planning in China", *Progress in Planning*, Vol. 3, No. 61, 2004.

[2] John Rex, "The Concept of Housing Class and the Sociology of Race Relations", *Race & Class*, Vol. 12, No. 3, 1971; John R Logan, Yanjie Bian, Fuqin Bian, "Housing Inequality in Urban China in the 1990s", *International Journal of Urban and Regional Research*, Vol. 23, No. 1, 1999; Yaping Wang, "Housing Reform and Its Impacts on the Urban Poor in China", *Housing Studies*, Vol. 15, No. 6, 2000; Laurence J. C. Ma, "Economic Reforms, Urban Spatial Restructuring, and Planning in China", *Progress in Planning*, Vol. 3, No. 61, 2004; Yuting Liu, Fulong Wu, "Urban Poverty Neighbourhoods: Typology and Spatial Concentration under China's Market Transition, A Case Study of Nanjing", *Geoforum*, Vol. 37, No. 4, 2006.

塑为"一个庞大的高档封闭社区"①。的确,内城中产阶层化已然成为全球化背景下城市规划的核心策略②。

在我国,内城中产阶层化的进程由政府与市场两股力量共同推动。一方面,内城中产阶层化是自上而下所推动的城市空间发展策略,也体现了一种"城市规划的移动性范式"。对此,大卫金姆罗西奥(David Imbroscio)进一步评论道,城市规划中的"移动性范式"出现在20世纪80年代,其体现了一种新自由主义的政策逻辑:"将人口流动作为解决城市社会问题的应对手段"③。具体来说,城市规划已经不再仅仅关注改造与完善城市空间本身,而更加偏好对特定问题人群进行空间迁出并对特定目标人群进行空间引入。这种移动范式重新定义了城市规划的任务和内涵,将城市规划看作是人群在空间中的妥善安排与重组。而究其本质,这一新的城市空间治理逻辑强调将中产阶级留在城市中心,而将低收入群体安放至城市周边的、新开发的"机会空间"④。

另一方面,市场的力量与政府的主导性力量并行不悖,共同推动着中产阶层化的进程。房屋补偿价格则是市场和资本所运用的关键机制。一方面,城市更新不断推涨内城的房屋价格,而另一方

---

① David Harvey, *Rebel Cities: from the Right to the City to the Urban Revolution*, Verso Books, 2012, p. 23.

② Neil Smith, "Gentrification and Uneven Development", *Economic Geography*, Vol. 58, No. 2, 1982; Neil Smith, "New Globalism, New Urbanism: Gentrification As Global Urban Strategy", *Antipode*, Vol. 34, No. 3, 2002; Chris Hamnett, "Gentrification and Residential Location Theory: A Review and Assessment", *Geography and the Urban Environment: Progress in Research and Applications*, Vol. 6, 1984. Chris Hamnett, "the Blind Men and the Elephant: the Explanation of Gentrification", *Transactions of the Institute of British Geographers*, Vol. 16, No. 2, 1991; Larry S Bourne, "The Demise of Gentrification? A Commentary and Prospective View", *Urban Geography*, Vol. 14, No. 1, 1993; Stuart Cameron, "Gentrification, Housing Redifferentiation and Urban Regeneration: 'Going for Growth' in Newcastle upon Tyne", *Urban Studies*, Vol. 40, No. 12, 2003.

③ David Imbroscio, *Urban America Reconsidered: Alternatives for Governance and Policy*, Cornell University Press, 2011, p. 1.

④ Ibid., p. 6.

面,较低的拆迁补偿标准极大削弱了原有城市居民购买城市中心区位房屋的经济能力。因此,吴缚龙指出,房屋拆迁补偿机制本质上是一种新的筛选机制,它将城市居民"根据不同的社会经济属性"进行空间置放[1]。而在更宏观的层面,这也体现了一种席卷中国城市的社会空间重构逻辑[2]。

这种房屋补偿价格机制之所以能够有效运转,其背后还有更深层次的政治经济学动因。在美国亚特兰大市,以开发商与城市政府为核心而形成了紧密的地方增长联盟,并对城市发展决策起到至关重要的影响[3];在俄罗斯莫斯科,地产开发商通过非制度化的私人关系网络构建,与城市政治精英结盟,从而左右着房屋补偿价格的决策过程[4]。而在我国,开发商的影响力同样无处不在。市场力量之所以能够左右房屋补偿价格,原因在于其对城市发展议程的渗透力。正因如此,我们看到了这样一种现象,我国城市越发青睐"房屋拆迁补偿的市场机制",而政府对于补偿价格的干预和控制却越发宽松无力。而市场的理性毫无意外地通过尽可能压低补偿投入而追求更多的利润。

在市场逻辑影响下,房屋拆迁补偿价格形成过程也充满着资本运作的技巧性与戏剧性。这首先体现为一种"污名"策略。在拆迁改造项目的伊始,那些目标建筑会被打上"破旧""衰败"和"过

---

[1] Fulong Wu, "Transitional Cities", *Environment and Planning A*, Vol. 35, No. 8, 2003.

[2] Neil Smith, "Gentrification and Uneven Development", *Economic Geography*, Vol. 58, No. 2, 1982; Fulong Wu, "Urban Poverty and Marginalization under Market Transition: the Case of Chinese Cities", *International Journal of Urban and Regional Research*, Vol. 28, No. 2, 2004; Shenjing He, Fulong Wu, "Socio-Spatial Impacts of Property-Led Redevelopment on China's Urban Neighbourhoods", *Cities*, Vol. 24, No. 3, 2007.

[3] Clarence Nathan Stone, *Regime Politics: Governing Atlanta, 1946 – 1988*, Univ Press of Kansas, 1989.

[4] Anna Badyina, Oleg Golubchikov, "Gentrification in Central Moscow-a Market Process or A Deliberate Policy? Money, Power and People in Housing Regeneration in Ostozhenka", *Geografiska Annaler: Series B, Human Geography*, Vol. 87, No. 2, 2005.

时"的标签，这直接导致了房屋的贬值，从而为较低的房屋补偿奠定了合理性①。其次，房屋拆迁补偿价格声称是建立在房屋的"市场价格"之上的，而这一"市场价格"的定义却独断而封闭。具体来说，城市居民所能得到的补偿标准是基于被"污名""破旧"房屋的价格之上的，是空间更新和房屋改造之前的价格。为什么补偿价格不能以更新之后的房屋价格为基准？为什么原有居民无权分享城市更新所带来的增值利润？目前，这样的疑问很少被提及，因为补偿应基于更新之前的房屋价格这一逻辑已经根深蒂固，对其挑战十分艰难。最后，拆迁安置方案也巧妙地筹划着更合理的空间布局和更丰厚的地租收益。开发商往往更青睐在城市郊区建设安置小区，而越来越多的经济适用房和廉租房也在城郊修建。这使得许多居民不得不在可负担的房屋与位于市中心的理想住房之间进行艰难的选择。

（三）空间权利与空间争议

在过去的30年里，大规模的城市开发项目接踵而至，周而复始地推动着拆迁、开发、安置的循环。而由于有目的的中产阶层化进程和城市规划的"移动性"范式，异地安置，尤其是从城市中心向城市周边地区的安置尤为常见。因此，我国城市化进程也是一个居民不断搬离城市中心的过程。以下数据可以展现出我国城市更新所引发的居民搬迁安置的规模之大。以辽宁省为例，在2005年至2009年间，工业棕地的改造项目已导致70.6万户家庭经历拆除搬迁，其中约有四分之一的家庭从城市中心区域搬离，重新安置到郊

---

① Robert A. Beauregard, *Voices of Decline: the Post War Fate of US Cities*. Routledge, 2013; Max Page, *the Creative Destruction of Manhattan*, 1900 – 1940, University of Chicago Press, 2001; Robert M. Fogelson, *Downtown: Its Rise and Fall*, 1880 – 1950, Yale University Press, 2003; Rachel Weber, "Extracting Value from the City: Neoliberalism and Urban Redevelopment", *Antipode*, Vol. 34, No. 3, 2002.

区新开发的卫星城中。此外，自1998年以来，青岛市在城郊地区浮山后一带，逐步扩建了一处可容纳40万户居民的大型郊区安置区。近十年内，浮山后社区陆续安置了10万多户来自内城改造项目的搬迁居民。

城市更新所引发的居民搬迁问题受到了广泛的关注。其后果不仅仅是房产权利和经济剥夺，也涉及一系列社会性的不良效应。首先，在个人层面，由城市更新所引发的被迫搬迁和居住不稳定性破坏了居民既有的社交网络和地域联系，并将其从所根植的特定地域的社会空间环境中连根拔起。而这种社会空间环境对于城市生活是十分重要的，它带给人们"基于熟悉感和可预测性之上的安全感与自信"，使得"日常生活得以有章可循，从而可以更好地自我实现"[1]。此外，在更宏观的社会维度上，搬迁与居住的不稳定性会不断侵蚀社会归属感与社会资本。而很多研究也发现，搬迁会导致市民参与意愿低迷，这对城市政治生活极为不利[2]。

在我国，城市更新与被迫搬迁也引发了类似的社会后果。与此同时，更值得关注的问题是，我国的城市更新与中产阶层化也在重新定义市民权利。由于城市房价的上涨以及既有的城市规划策略，一轮接一轮的城市更新与拆迁安置项目更像是"淘汰赛"，通过价格机制筛选着特定空间区位的"理想人群"。而对低收入群体而言，想要继续留在城市中心区生活变得愈发困难。然而，随着城市更新的进程，城市内部不同区域的发展也愈发不均衡，而市民权利也愈发取决于能否居住在城市中心并获取聚集于城市中心的优质公共

---

[1] Kevin R Cox, Andrew Mair, "Locality and Community in the Politics of Local Economic Development", *Annals of the Association of American Geographers*, Vol. 78, No. 2, 1988.

[2] Stephen L. Elkin, *City and Regime in the American Republic*. University of Chicago Press, 2015; Richard Dagger, *Civic Virtues: Rights, Citizenship and Republican Liberalism*; Oxford University Press on Demand, 1997; Thad Williamson, *Sprawl, Justice, and Citizenship: the Civic Costs of the American Way of Life*, Oxford University Press, 2010; David Imbroscio, "The End of (Urban) Liberalism", *Journal of Urban Affairs*, Vol. 34, No. 1, 2012.

服务。

随着房地产市场的发展，资本却越发渗透到这种"城市中心的居住权利"当中去。我国的户籍制度始于改革开放之前并运行至今，它记录着居民的地区归属、户籍性质等信息，并决定着居民获得公共服务、社会福利、工作与教育机会等具体权益。虽然户籍制度仍然是界定市民身份的重要维度，但是，随着市场化改革，其越发呈现出多孔性（porosity），并在一定程度上为房屋产权所重新定义。自 2000 年以来，我国许多城市的房地产市场都处在不稳定期，房价如过山车般起伏不定，社会的住房需求也低迷不振。为有效激发房地产市场活力，包括青岛、大连和沈阳等在内的许多中国城市颁布了一系列落户政策：非本地户口的居民购买新开发的大户型住宅（通常大于 100 平方米），他们便可以在城市落户，从而获得正式户口，并享受该城市的各项社会福利和公共服务。行政权力、业主身份与资本力量越发紧密地纠缠盘绕，共同重塑着当下我国的市民身份与市民权利。

城市居民身份与城市中心区位的居住权利关系到市民对于一系列城市公共服务的可获取性。而在这一系列众多的公共服务中，最值得一提的则是义务教育资源。它不仅涉及代际公平问题，也更加能够触动包括低收入群体和城市中产阶层的敏感神经。在我国城市义务教育体系中存在着公共资源分配不均的问题。一个城市中的学校被划分为所谓的"重点学校"和"普通学校"。前者通常能够获得更充足的资金支持，提供更优质的教育质量从而可以提供给学生更好的升学机会（例如：重点小学的学生通常比普通小学的学生拥有更多被重点初中录取的机会）。而是否能够进入重点学校就读则遵循着所谓的"就近原则"：只有学校附近的房产所有者的子女才能入学。这就导致了中国城市中的一种特殊现象："学区房"，具体来说，重点学校附近的房价昂贵，有时甚至高达城市平均房价的十

第二章 争议空间与空间争议：我国城市主义、城市空间与社会问题的历史演进

倍以上，远远超出了普通人的承受能力。房产所有权也决定了获取高质量教育的机会，并重新定义了等级性的市民权利[1]。

进入 21 世纪以来，城市研究领域见证了城市权利研究的热潮。许多学者纷纷批判剥夺式的城市发展过程。其中，哈维尤其告诫我们要警惕那种"建立在少数人剥削多数人的基础之上"的城市化进程[2]。哈维认为："城市权利（the right to the city）不仅仅是一种获得已有资源的权利，它更加是一种按照我们内心的愿望去实现改变的权利"[3]。哈维眼中的城市权利即一种具有多样性和可选择性的城市主义，是一种"可以通过创造一个本质上完全不同的城市社会性来重塑自我的权利"[4]。进一步来说，城市权利"不是被动接受房产开发商和城市规划者所给定的规则，而是一种积极主动的重构城市意象与自我定义的权利"[5]。追求哈维所言的城市权利则需要大众"对于城市空间生产及其利润分配施以更有效的民主控制"[6]。

其他学者也纷纷对哈维的观点进行了回应。珀塞尔（Mark Purcell）指出，我们必须直面"资本固化城市空间属性的能力，（这需要我们）不再仅仅遵循资本对于交换价值利益追求的逻辑，

---

[1] Dorothy J. Solinger, *Contesting Citizenship in Urban China: Peasant Migrants, the State, and the Logic of the Market*. University of California Press, 1999; Michael Keane, Redefining Chinese Citizenship. *Economy and Society*, Vol. 30, No. 1, 2001; Alan Smart, Josephine Smart, "Local Citizenship: Welfare Reform Urban/Rural Status, and Exclusion in China", *Environment and Planning A*, Vol. 33, No. 10, 2001; Merle Goldman, *From Comrade to Citizen: the Struggle for Political Rights in China*, Harvard University Press, 2005.

[2] David Harvey, Mark Davidson, *Social Justice and the City*, Londres, Arnold, 1973.

[3] David Harvey, "The Right to the City", *International Journal of Urban and Regional Research*, Vol. 27, No. 4, 2003.

[4] Ibid..

[5] Ibid..

[6] David Harvey, *Rebel Cities: from the Right to the City to the Urban Revolution*, Verso Books, 2012, p. 23.

而是将居民所看重的使用价值置于更优先的位置上"[1]。而根据列斐伏尔的观点，城市权利"不能被简单理解为一种观光访问权利……其本质应该是一种改变和重塑城市生活的权利"[2]。列斐伏尔进一步指出，所有城市居民都应享有参与城市空间生产并分配城市空间权利之权力；同时，这里的城市居民应该包含尽可能广泛的人群，即所有那些居住在城市当中并且"对塑造城市生活体验和生活空间起到贡献的群体"[3]。列斐伏尔也曾指出，如果想改变现有的城市过程及其所隐含的包容/排斥逻辑，我们需要重新定义城市权利、市民精神和政治身份[4]。地产导向的城市化与中产阶层化所带来的一系列问题都是城市权利理论所关注的核心议题。同样，在城市权利理论的启发下，我国城市更新亟须新的治理逻辑，从而实现更加公平的城市空间再生产过程。

四 本章小结：城市主义与城市社会问题

本章梳理了我国城市空间形态、城市发展模式、城市治理逻辑和城市主义的转型，并讨论了这一转型期所引发的新的城市现象、城市过程与城市问题。我们首先从纵向发展的视角，讨论了市场改革与

---

[1] Mark Purcell, "Excavating Lefebvre: the Right to the City and Its Urban Politics of the Inhabitant", *GeoJournal*, Vol. 58, No. 2, 2002.

[2] Lefebvre, Henri, Kofman, Eleonore, Lebas, Elizabeth, *Writings on Cities*, Oxford: Blackwell, 1996, p.158.

[3] Mark Purcell, "Excavating Lefebvre: the Right to the City and Its Urban Politics of the Inhabitant", *GeoJournal*, Vol. 58, No. 2, 2002.

[4] Mustafa. Dikeç, "Justice and the Spatial Imagination", *Environment and Planning A*, Vol. 33, No. 10, 2001; Eugene J McCann, "Space, Citizenship, and the Right to the City: A Brief Overview", *GeoJournal*, Vol. 58, No. 2, 200; Mark Purcell, "Excavating Lefebvre: the Right to the City and Its Urban Politics of the Inhabitant", *GeoJournal*, Vol. 58, No. 2, 2002; Neil Brenner, Peter Marcuse, Margit Mayer, Eds. *Cities for People*, *Not for Profit: Critical Urban Theory and the Right to the City*, Routledge, 2012.

我国城市发展模式转型之间的内在联系。随着土地与房屋的市场化改革，我国城市空间的政治经济属性出现了转变，即从计划的、生产的空间转变为资本的、消费的空间。这一转变推动了大规模内城更新的热潮和房地产主导的城市发展模式的出现。其次，我们从国家治理理性的角度分析了我国城市发展背后的政治经济学逻辑。快速的城市拆除重建，既是国家展示经济发展成果的橱窗和塑造其合法性的重要策略，也是地方政府寻求土地经济利益和政治回报的主要方式。也正是这种新的"企业家主义"理性，才不断推动着具有争议性的城市空间的快速生产。最后，对于我国自改革开放以来的城市主义转型和城市发展模式的变迁，我们做出了反思和讨论。我们首先分析了内城即权利这一议题，随后讨论了中产阶层化背后的推动力量及其带来的权利剥夺问题，最后对空间权利理论进行了回应。

正如哈维所言，"城市化在吸收资本盈余和延展地理空间尺度方面发挥了关键作用，但其代价是对迅速发展的创造性破坏是一个完整的概念（Creative destuction），并由此导致对于居民城市权利的肆意剥夺"[1]。市场化改革和快速的城市化进程的确极大地推动了社会的整体发展与变迁，但是这种发展更多是物质上的和经济收益上的。我们如何看待、应对大规模内城改造所引发的权利剥夺、社会空间分异和中产阶层化等一系列问题？如何才能在我国的城市化进程中逐步实现共享的[2]、更加正义的、更加符合人们"心中所追求"的城市梦想[3]？这是市场化改革带给我们的治理挑战与机遇。

---

[1] David Harvey, "The Right to the City", *International Journal of Urban and Regional Research*, Vol. 27, No. 4, 2008.

[2] Zhihong Qian, Tai-Chee Wong, "The Rising Urban Poverty: A Dilemma of Market Reforms in China", *Journal of Contemporary China*, Vol. 9, No. 23, 2000.

[3] David Harvey, "The Right to the City", *International Journal of Urban and Regional Research*, Vol. 27, No. 4, 2008.

第 三 章

治理城市空间矛盾：从发展的
逻辑到稳定的逻辑

在上一章中，我们讨论了中国市场化改革及其带来的城市主义转型。这种城市主义转型主要体现在"争议性的空间生产"和"空间生产的社会争议"两个方面。首先，大规模内城改造运动的兴起标志着"争议性的空间生产"这一城市过程的出现。中国的城市空间生产过程越发被资本积累的逻辑所俘获，交换价值而非使用价值主导着城市发展的政策思考。其次，这种新的城市发展模式引发了一系列社会问题，包括城市社会空间分异、中产阶层化以及由此引发的城市权利不均等问题。而这些问题是由具有争议性的城市空间生产过程所导致的、围绕着城市空间权利的社会争议。进入20世纪90年代以来，我国城市空间争议越发激烈，并进一步具像化，集中体现为一系列围绕拆迁补偿所引发的社会矛盾。如何治理这些社会矛盾成为我国城市治理所面临的新的挑战。

本章关注我国内城更新过程所引发的社会矛盾及其治理逻辑的转型。在第一部分，我们讨论了社会矛盾形态及其内在理性。因受到既定的制度背景和政治文化的影响，我国城市空间矛盾的主要表现方式为基于个人行为的"拖延策略"——即"钉子户"。这种拖延策略体现了城市房屋业主的"经济理性"，它瞄准了资本空间积累惯性中的软肋，较为有效地为居民个人争取到了经济收益。

这种个人策略也反映了中国居民如何"在现有政治制度与政策框架内"[①]进行合法性地参与、游说与抗争。然而，拖延策略对于城市空间内涵、形态与结构所起到的重构作用却十分有限。在微观层面上，个人拖延策略在一定程度上延缓了城市发展和内城更新的进程。因此，在20世纪90年代和21世纪的头10年中，许多城市见证了正规性和非正规性的"强制拆迁"运动。这体现了地方政府与开发商形成了紧密的发展联盟和治理联盟，通过粗放式的、强制式的手段来与居民进行空间争夺，从而推动城市空间资本循环的快速开展。地方政府的治理过程凸显了发展导向的政策逻辑，同时也进一步激化了社会矛盾。在2010年左右，中央政府颁布了一系列政策措施，旨在从地方层面规范城市发展与城市化进程，尤其注重抑制土地征收过程中的强制拆迁行为。我们在本章第三部分讨论了这种基于"稳定逻辑"的中央治理过程。由于中央政府的介入，地方政府不得不在快速发展与社会稳定之间寻求平衡，并探索新的治理方式来应对城市更新所伴生的社会矛盾与个人抗争行为。

一 中国情景下的城市社会矛盾：拖延性策略及其内在理性

20世纪60年代，许多西方发达资本主义国家纷纷被战后危机的阴影所笼罩，面临着经济衰退和社会动荡等一系列严峻的问题。也正是在这一时期，城市社会运动作为一种新的城市现象而出现。梅耶（Margit Mayer）审视了这一时期发达资本主义国家中"城市社会运动座右铭的历史变迁"，并指出，20世纪60年代的城市社会运动包含三种形式：反战运动、围绕着城市集体消费（ollective consumption）的抗争，以及针对城市更新与大规模城市

---

① Kevin J O'Brien,"Rightful Resistance", *World Politics*, Vol.49, No.1, 1996.

拆除搬迁项目所展开的抵制与抗争行为[1]。其中，最后一种形式的城市社会运动受到了学者的广泛关注，并被称为对"日渐冷漠的城市"[2]的反抗，或针对"福特主义的粗放式的城市空间区划和郊区化"[3]的斗争。在这一时期，伦敦、柏林、纽约等许多资本主义全球城市纷纷见证了城市社会运动的兴起。包括"租房者委员会"和"业主委员会"等在内的城市政治团体和民间自治组织纷纷加入行动，共同抵制疯狂的、冰冷的、忽视社会维度的城市规划。其中，极具时代特色的高速公路建设和城市中心的商业改造计划引发了最为激烈的争议。许多西方国家的城市居民纷纷行动起来，反对这种资本化、商业化、现代化和空间同质化的城市空间生产实践[4]。

在随后的几十年里，西方国家的城市政策逐渐从城市建成环境的更新转型至城市社会的整体复兴。与此同时，发展中国家却进入了政府主导的城市发展阶段，大规模城市拆除重建项目如雨后春笋般涌现。在这一背景下，自20世纪90年代末开始，发展中国家开始逐渐取代发达国家，成为城市社会运动的主要场域。在里约热内卢、德里、孟买、伊斯坦布尔、首尔和许多其他"第三世界的城

---

[1] Margit Mayer, "The 'Right to the City' in the Context of Shifting Mottos of Urban Social Movements", *City*, Vol. 13, No. 2-3, 2009.

[2] Alexander Mitscherlich, "Die Unwirtlichkeit Unserer Städte: Anstiftung Zum Unfrieden. Frankfurt: Suhrkamp", 1965, p. 55; Margit Mayer, "The 'Right to the City' in the Context of Shifting Mottos of Urban Social Movements", *City*, Vol. 13, No. 2-3, 2009.

[3] Margit Mayer, "The 'Right to the City' in the Context of Shifting Mottos of Urban Social Movements", *City*, Vol. 13, No. 2-3, 2009.

[4] Manuel Castells, Alan Sheridan, "The Urban Question: A Marxish Approach", *Social Structure and Social Change*, Vol. 1, 1977; Manuel Castells, *the City and the Grassroots: A Cross-Cultural Theory of Urban Social Movements*. Univ of California Press, 1983; Margit Mayer, "The 'Right to the City' in the Context of Shifting Mottos of Urban Social Movements", *City*, Vol. 13, No. 2-3, 2009; Andrej Holm, Armin Kuhn, "Squatting and Urban Renewal: the Interaction of Squatter Movements and Strategies of Urban Restructuring in Berlin", *International Journal of Urban and Regional Research*, Vol. 35, No. 3, 2011; David Harvey, *Rebel Cities: from the Right to the City to the Urban Revolution*, Verso Books, 2012.

市",有组织的、集体性的社会运动不断挑战着以发展和现代化的名义而推行的城市更新项目[①]。自20世纪90年代以来,随着我国城市化进程加速,大规模内城更新项目也引发了一系列社会矛盾和社会争议行动。中国情景下的城市社会争议行动具有自身的特色,与发达资本主义国家历史上的城市社会运动以及其他发展中国家的抗议行动截然不同。具体来说,我国城市社会矛盾具有以下三个特征:现实主义诉求、基于个人的行动逻辑,以及合法性的拖延策略。

我国城市社会争议行动的第一个特征表现为现实主义诉求。在我国,城市更新本身及其所代表的积极象征意义得到了居民的认可与支持。人们所不满与抵制的并不是城市更新项目本身,而是具体的政策设计。其中,补偿标准过低和安置住房偏远受到的争议最多。这主要是因为它们造成了社会分化与经济剥夺感,成为抗议的靶子[②]。我国城

[①] Usha Ramanathan, "Demolition Drive: *Economic and Political Weekly*, 2005, July 2; Gautam Bhan, "'This Is No Longer the City I Once Knew'. Evictions, the Urban Poor and the Right to the City in Millennial Delhi", *Environment and Urbanization*, Vol. 21, No. 1, 2009; Hyun Bang Shin, "Living on the Edge: Financing Post-Displacement Housing in Urban Redevelopment Projects in Seoul", *Environment and Urbanization*, Vol. 20, No. 2, 2008; Hyun Bang Shin, "Property-Based Redevelopment and Gentrification: the Case of Seoul, South Korea", *Geoforum*, Vol. 40, No. 5, 2009; John Lovering, Hade Türkmen, "Bulldozer Neo-liberalism in Istanbul: the State-Led Construction of Property Markets, and the Displacement of the Urban Poor", *International Planning Studies*, Vol. 16, No. 1, 2011; Ülke Evrim Uysal, "An Urban Social Movement Challenging Urban Regeneration: the Case of Sulukule, Istanbul", *Cities*, Vol. 29, No. 1, 2012; Ozan Karaman, "Resisting Urban Renewal in Istanbul", *Urban Geography*, Vol. 35, No. 2, 2014.

[②] Li Zhang, "Forced from Home: Property Rights, Civic Activism, and the Politics of Relocation in China", *Urban Anthropology and Studies of Cultural Systems and World Economic Development*, 2004, July; Li Zhang, "Contesting Spatial Modernity in Late-socialist China", *Current Anthropology*, Vol. 47, No. 3, 2006; Pamela N. Phan, "Enriching the Land or the Political Elite? Lessons from China on Democratization of the Urban Renewal Process", *Pacific Rim Law & Policy Journal*, Vol. 14, 2005; Xuefei Ren, "Forward to the Past: Historical Preservation in Globalizing Shanghai", *City and Community*, Vol. 7, Np. 1, 2008; Ching Kwan Lee, "Rights Activism in China. *Contexts*", Vol. 7, No. 3, 2008; Liza Weinstein, Xuefei Ren, "The Changing Right to the City: Urban Renewal and Housing Rights in Globalizing Shanghai and Mumbai", *City & Community*, Vol. 8, No. 4, 2009; Ngai-ming Yip, Yihong Jiang, "Homeowners United: the Attempt to Create Lateral Networks of Homeowners' Associations in Urban China", *Journal of Contemporary China*, Vol. 20, No. 72, 2011.

市争议主要围绕着政策而非政治而展开,以经济利益与生活需求为核心,通常体现为要求获得更高的拆迁补偿和位置更好的安置社区。而参与规划、社区赋权等诉求虽然是西方国家城市社会运动的经典口号,但在我国城市社会争议中却极少出现。

对很多居民而言,更高的补偿和位置更好的(临近城市中心区位的)安置住房在物质意义和象征意义上是可互换的诉求。随着我国房地产市场的繁荣以及城市中心地区房价的飞速上涨,获得更多的货币补偿意味着居民可以在旧房被拆除后,于城市中心附近购买房产。正如哈维所指出的那样,位于城市中心区位的房产可以"(让业主)从中兑现房产的增值部分……(因此中心区位的房产)是一棵便捷的摇钱树,一个私人的 ATM 机"[1]。高补偿和中心区位的安置住房不仅仅确保了经济利益,也赋予了居民在城市核心区居住的权利,从而得以享受现代的生活方式和一系列附着于城市中心区位的公共服务。因此,在我国,对于更高的补偿和更好的安置住房的争议背后,体现的是对经济权利与政治权利的诉求。

我国城市社会争议的第二个特征表现为基于个人的行动。在西方社会以及其他发展中国家,与城市更新和拆除运动相伴而生的往往是集体性和基于政治诉求的抗争行为。但在我国,这种城市争议形式则更多地表现为非联合的、基于个人和家庭的策略。这一方面是由于自上而下的体制性压力所导致的应对性策略,另一方面则是由于一种新的个人主义经济理性的出现。随着市场经济改革的推进,计划经济时期的集体主义精神日渐式微,作为理性经济人的市民精神开始出现。在这一背景下,个人行动被视为获取城市空间权益的最佳方案,可以避免集体行动中的搭便车现象以及集体行动的低效问题。此外,对于补偿价格的争议更多地被视为被拆迁对象内

---

[1] David Harvey, *Rebel Cities: from the Right to the City to the Urban Revolution*, Verso Books, 2012, p. 48.

部之间、个人与个人，以及家庭与家庭之间的非合作性博弈，因而更多地偏好个人行为而非集体行为。

除此之外，中国情景下的城市空间抗争行为更多地采用合法性的拖延策略。正如斯科特（James Scott）所说，城市抗议行动的形态不仅取决于自上而下的压力体制，也取决于自下而上的作用，即目标群体的社会性质[1]。在我国，城市更新所针对的是那些老破小社区，因此受到拆除重建影响的往往是居住在这些地方的低收入群体。这些居民包括国有单位的下岗职工、外来务工人员、小业主、年轻职员等社会经济地位较低的人群。而也正是这个群体的社会特征决定了他们的行动策略。

因此，对于这一群体而言，那些需要投入大量时间、金钱和社会关系的行动策略往往难以被采用。例如，对他们来说，基于司法诉讼的行动策略并不是空间抗争的最佳选择。的确，自20世纪90年代以来，业主的法律行动从未间断，对开发商和政府的合同欺诈、腐败行为、不合理补偿政策以及安置住房质量低劣等诉讼也时常出现。然而，诉讼并未能成为我国主流的城市争议行动策略。这一方面是由于其所耗费的时间成本，另一方面则是由于我国具体的制度环境所带来的挫败感。地方司法系统无法独立于地方政府的主导作用，也难以摆脱地方发展联盟所追求的资本利益诉求。玄邦申对这一观点进行了回应，他指出，中国居民的"诉讼意图难以翻越官僚程序这一障碍，而司法程序往往与政府和开发商结盟"[2]。

---

[1] James C. Scott, *Weapons of the Weak: Everyday Forms of Peasant Resistance*. New Haven, CT: Yale University Press, 1985.

[2] Hyun Bang Shin, "The Right to the City and Critical Reflections on China's Property Rights Activism", *Antipode*, Vol. 45, No. 5, 2013; Kevin J O'Brien, Lianjiang Li "Suing the Local State: Administrative Litigation in Rural China", *The China Journal*, 2004; Peter Johnson, "Unravelling Foucault' A 'Different Spaces'", *History of the Human Sciences*, Vol. 19, No. 4, 2006; We Liza Instein, Xuefei Ren, "The Changing Right to the City: Urban Renewal and Housing Rights in Globalizing Shanghai and Mumbai", *City & Community*, Vol. 8, No. 4, 2009.

相较于诉讼，媒体曝光不失为一种更加有效的行动方案。在过去的几十年中，关于不公正补偿和不合法拆除的报道时有出现。这种行动策略的基本逻辑为：通过报纸、新闻、网络等公共媒体报道家庭在拆迁中的"凄惨故事"来获得支持，通过塑造公共舆论而向地方政府施压，从而获取后者的让步并获得更高的拆迁补偿。然而，在现实运作中，这种策略也面临着许多风险和阻碍。我国的媒体话语面临着较为严格的政府审查，无论是报纸、电视新闻还是近年来新兴的自媒体，常常在资格准入、人员控制与资金分配等方面受到严格的政府管制[1]。因此，作为抗争行动的中介平台，公共媒体所能发挥的作用也十分有限，而且很多时候也需要足够的社会网络资源才能够使得个案故事在浩如烟海的雷同实例中获取有限的媒体关注。

因此，拖延策略成为我国城市居民最常使用的行动策略。拖延策略也被称为"对峙行动"或者"阻碍策略"[2]，是一种最为经济有效的抗争形式。在中国，房主使用的阻拦策略实质上是在"和时间打赌"。采取阻拦策略的居民们"从一开始就知道，他们最终将不得不离开，但他们寄希望于拖延时间从而给开发商施加时间成本方面的压力"[3]。换言之，居民的拖延策略可能会给开发商带来一系列成本，如未能如期竣工而带来的合同违约、行政罚款

---

[1] Teun A Van Dijk, "Power and the News Media", *Political Communication and Action*, Vol. 6, No. 1, 1995; Yuezhi Zhao, "*Media, Market, and Democracy in China*: *Between the Party Line and the Bottom Line*", University of Illinois Press, 1998; Jinquan Li, "*Power, Money, and Media*: *Communication Patterns and Bureaucratic Control in Cultural China*", Northwestern University Press, 2000; Stephanie Hemelryk Donald, Yin Hong, Michael Keane, *Media in China*: *Consumption, Content and Crisis*. Routledge, 2014; Susan L (Ed.) Shirk, *Changing Media, Changing China*. Oxford University Press, 2011.

[2] You-tien Hsing, *The Great Urban Transformation*: *Politics of Land and Property in China*. OUP Catalogue, 2010, p. 18.

[3] Li Zhang, "Forced from Home: Property Rights, Civic Activism, and the Politics of Relocation in China", *Urban Anthropology and Studies of Cultural Systems and World Economic Development*, 2004, p. 268.

和资金链断裂等。考虑到这一系列风险和成本，开发商往往更倾向于为居民的诉求买单，支付更高的补偿款从而尽快清空土地、进行开发所付出的成本要远远小于承担其他风险的成本。也正是因为摸清了这样一种资本的思考逻辑，中国居民十分青睐于使用拖延策略，并部分成功地实现了个人利益诉求。从本质上来说，拖延策略则是瞄准了资本快速积累的逻辑并成功地扼住城市建设的咽喉。

这种拖延策略并不是中国所特有的，也在全球各个城市频繁出现。例如，玄邦申的研究记录了韩国首尔的租户如何通过"拒绝搬离"来迫使开发商妥协，成功地赢得了高补偿和50年的租住公共公寓权[1]。在英国卡迪夫著名的水岸更新项目中，当地的小企业也纷纷通过拒绝搬离而争取到了更高的补偿价格，从而弥补他们的商业损失[2]。此外，在20世纪50年代的美国，政府主导的大规模城市更新运动也频频面临个人的"拖延抵制"策略。许多业主拖延搬迁，寄希望于拖延期间的房价上涨，从而可以争取到更多的房屋补偿[3]。

我国的城市争议行动引发了广泛的关注，相关讨论聚焦于两个问题：谁有权利行动以及行动是否合法。首先，具有行动权利的群

---

[1] Hyun Bang Shin, "Property-based Redevelopment and Gentrification: the Case of Seoul, South Korea", *Geoforum*, Vol. 40, No. 5, 2009.

[2] Rob Imrie, Huw Thomas, "Law, Legal Struggles and Urban Regeneration: Rethinking the Relationships", *Urban Studies*, Vol. 34, No. 9, 1997.

[3] Patricia Munch, "An Economic Analysis of Eminent Domain", *The Journal of Political Economy*, Vol. 34, No. 3, 1976; Rob Imrie, Huw Thomas, "Law, Legal Struggles and Urban Regeneration: Rethinking the Relationships", *Urban Studies*, Vol. 34, No. 9, 1997; Stephen Dobbs, "Urban Redevelopment and the Forced Eviction of Lighters from the Singapore River", *Singapore Journal of Tropical Geography*, Vol. 23, No. 3, 2002; Kris Olds, Tim Bunnell, Scott Leckie, "Forced Evictions in Tropical Cities: An Introduction", *Singapore Journal of Tropical Geography*, Vol. 23, No. 3, 2002; Wendell E. Pritchett, "The 'Public Menace' of Blight: Urban Renewal and the Private Uses of Eminent Domain", *Yale Law & Policy Review*, Vol. 21, No. 1, 2003.

体是拥有房屋产权的业主。具体来说,这里的房主业主包括以下两类人群:在20世纪80年代住房改革期间,通过购买公有住房而成为私人业主的居民;那些公房承租者,他们是单位、地方政府以及其他类型公房的准业主,只需要象征性的支付房租费用,即可享有稳定和永久的使用权。目前,我国城市拆迁补偿政策所针对的是以上两类群体。他们也是城市空间争议的诉求主体,既具有房屋产权,也因此有权利去进行争议,要求更多的补偿。

对于我国业主的空间争议行动,许多学者对其做出了积极的评论。佩里(Elizabeth Perry)认为这体现了中国市民"权利意识"的出现,是一种"自下而上的公民权利诉求,预示着国家与社会关系的根本性突破"[1]。许多学者将这种"权利意识"归结为私有财产的权利。而这种私有财产权利也是中国房主得以被动员起来的主要原因。对此,哈维进一步评论道,关于"强烈的占有性的个人主义"是一种新自由主义伦理,在这种伦理下,"捍卫财产及保有其价值成为最重要的政治利益"[2]。玄邦申回应了这一观点,他指出,正是这一新自由主义伦理驱动着中国业主的抗争行为。玄邦申也指出,中国的业主已经获得了一种新的、重要的政治身份,他们持有一种"以保护和增加财产价值为中心的政治诉求"[3]。许多其他学者也表达了与玄邦申相类似的观点,指出中国已然出现了基于产权意识的政治动员,并将中国业主的抗争行为称为产权行动主义

---

[1] Elizabeth J. Perry, "Chinese Conceptions of 'Rights': from Mencius to Mao—and Now", *Perspectives on Politics*, Vol. 6, No. 1, 2008.

[2] David Harvey, 2003. "The Right to the City", *International Journal of Urban and Regional Research*, Vol. 27.

[3] Hyun Bang Shin, "The Right to the City and Critical Reflections on China's Property Rights Activism", *Antipode*, Vol. 45, No. 5, 2013; Michael Keane, "Redefining Chinese Citizenship", *Economy and Society*, Vol. 30, No. 1, 2001; Elizabeth J. Perry, "Chinese Conceptions of 'Rights': from Mencius to Mao—and Now", *Perspectives on Politics*, Vol. 6, No. 1, 2008.

(property activism)①，或者更笼统地将其描述为"中国业主的房屋保卫行动"②。

然而，这种行动权利却也是十分局限的。在美国、英国、加拿大等发达资本主义国家，租房者及其利益联盟已经行动起来，来争取租房者群体的居住稳定权利和接受补偿的权利。在我国，租房者指那些从房屋业主或公房拥有单位租房居住的个人。这一群体很少在城市更新与改造期间进行权利抗争，其原因有很多。首先，他们并没有产权被侵害、被剥夺的紧迫感；频繁搬迁的租房生活也降低了他们对稳定的居住生活的期待，因此对于城市更新所带来的被迫搬迁也更容易接受。然而，最重要的原因并不是他们缺乏行动的动力，而是因为被剥夺了行动的权利。在我国现行的城市更新与改造的相关政策中，明确规定只有合法拥有财产的业主才会因房产被征用而得到补偿。租房者的权利并没有被认可，不在拆迁补偿政策的视野范围内，更无法进入政策制定与城市发展权力博弈的议程中③。在更深层面上，这种以财产权利为依据的政策逻辑反映了我国城市公共政策所遵循的新自由主义经济理性与政治准则。

我国的城市争议行动的合法性也备受关注。在《物权法》颁布以前，由于私有产权归属不明，我国房主的拖延行为缺乏法律意义上的合法性。在20世纪80年代，我国城市土地的使用权虽然实行市场化，但其所有权仍归国家所有。这间接上赋予了地方政府清空国有土地

---

① Ching Kwan Lee, "Rights Activism in China", *Contexts*, Vol. 7, NO. 3, 2008; You-Tien Hsing, Ching Kwan Lee, Eds. *Reclaiming Chinese Society: the New Social Activism*. Routledge, 2009; Hyun Bang Shin, "The Right to the City and Critical Reflections on China's Property Rights Activism", *Antipode*, Vol. 45, No. 5, 2013.

② Yongshun Cai, "Civil Resistance and Rule of Law in China: the Case of Defending Home Owners' Rights", in *Grass Roots Politics in China*, Eds. Elizabeth Perry and Merle Goldman, 2007.

③ Jacques RanciÈRe, *Disagreement*, Trans. Minneapolis Julie Rose, University of Minnesota Press, 1999; Jacques RanciÈRe, Panagia, Davide, Bowlby, Rachel, "Ten Theseson Politics", *Theory & Event*, Vol. 5, No. 3, 2001.

的法律依据与权利。与此同时，城市住房的私有化改革是不彻底的，房屋出售给个人以后，并没有正式的法律文件来明确其产权归属。在此背景下，业主拖延行为实际上是国家依法享有的土地使用权与个人不明确的房产所有权之间的博弈。换言之，在法律意义上，中国房主的拖延行动阻碍了地方政府行使收回城市土地的法律权利。

这一状况直到2007年《物权法》的颁布才得以改变。《物权法》中明确了个人对包括住房在内的私有财产的合法权利，因此为其拖延策略提供了法律依据。新法的意义被敏锐地捕捉并催生了一系列抗争行为。其中最著名的当属发生于重庆的拖延行动。为了获得更高的补偿，重庆的拆迁业主拒绝搬出住房和腾空土地，而其房屋由于拖延策略无法拆除，最终成为被推倒的街区中唯一矗立的建筑（见图3—1）。与此同时，重庆的业主也援引了新《物权法》中的话语作为自身行动合法性的来源：房屋外悬挂着的横幅原文引用了法律条文中的内容"私人的物权和其他权利人的物权受法律保护，任何单位和个人不得侵犯"。

资料来源：百度图片

图3—1

第三章 治理城市空间矛盾:从发展的逻辑到稳定的逻辑

资料来源:作者拍摄

图3—2 房屋上的"拆"字

重庆这位业主的拖延策略不仅仅标志着拖延行动有法可依的开端,业主对于法律条文本身的援引则更具有意义——它标志着一种新的抗议行动的出现。欧博文(Kevin O'Brien)将其称为"正当性抵抗",其特点为"创新性地利用法律、政策和其他官方提倡的价值"来捍卫自己的法律权利①。具体来说,这类抵抗行为往往巧妙地利用官方规范"试图与既有管制体系相契合,借助主流文化习俗以及现有体制性的参与渠道来实现自身目的"②。根据欧博文的观

---

① Kevin J. O'Brien, "Rightful Resistance", *World Politics*, Vol. 49, No. 1, 1996, p. 33.
② Ibid., p. 32.

· 55 ·

点，正当性抵抗有两个内在特征。其一是与体制的冲突性共生。进一步来说，正当抵抗是使用"现有体制的话语体系来发声"，其本质虽然是"破坏性的与挑战性的"，但不是"非法的"；它试图构建一种"契约式的政治生活"，是一种典型的"体制内的批判"[1]。正当性抵抗的第二个特征则是安全阀作用，即可以为人们提供"行动失败时的政治保护"[2]。中国的政治体制与政治文化孕育了这种合法性抗争。继重庆这位业主的抗议行动之后，许多其他房主也开始采用类似的拖延性的、合法性的抵抗策略来维护自身权利。

　　名字与称谓反映了社会评价与价值观倾向。在我国，采用拖延策略的个人与家庭常常被称为"钉子户"。这个称呼最早开始使用于 2007 年，当媒体报道重庆业主的拖延行动时，将其称为"钉子户"。这个名称最开始是中立的、甚至是褒义的，是媒体对重庆业主维护市民合法权益、抵制开发商和地方政府的顽强的"钉子精神"的称赞。然而，钉子户之名渐渐讽刺和贬义所侵蚀。在随后的媒体报道中，"钉子户"被广泛地用于指代所有那些拒绝搬迁、阻碍建设工程进展的家庭，他们被看作是楔入土地、难以清理掉的钉子。正如玄邦申所指出的那样，"钉子户"这一名称暗示着政府官员的价值观，他们将"抗议者视为一群只会惹事与占房的麻烦制造者"[3]。此外，公众对于"钉子户"的态度也越发负面，认为他们是"追求高额补偿金的投机分子，因谋求私利而损害公共利益，甚至造成了房价上涨"[4]。如今，采取拖延行动的业主依旧被称为钉子户，而这个称呼背后的价值观冲突也反映了政府与公众对于抗议行

---

[1] Kevin J. O'Brien, "Rightful resistance", *World Politics*, Vol. 49, No. 1, 1996, pp. 34 – 35.
[2] Ibid., p. 35.
[3] Hyun Bang Shin, "The Right to the City and Critical Reflections on China's Property Rights Activism", *Antipode*, Vol. 45, No. 5, 2013.
[4] You-Tien Hsing, *The Great Urban Transformation: Politics of Land and Property in China*. OUP Catalogue, 2010, p. 78.

为的矛盾态度。

卡斯特尔指出，并不是所有的城市抗争与正义行为都可以称之为城市社会运动。城市社会运动是"以集体消费为核心的行动主义，是为社区文化与政治自我实现而展开的争议……它们能够重塑城市的内涵，能够推动基于使用价值的城市空间生产，能够实现地方文化和分权式的参与民主的进程"①。因此，无论在表面形态还是内在含义上，中国的业主拖延行动都不能构成城市社会运动。对此，玄邦申进一步评论道，中国的城市正义行动并没有形成有意义的联盟，反映了中国房屋业主"基于个人主义的自我理念"②。此外，中国房屋业主的抗议目标并没有上升到对于城市政策议程和政治过程的诉求，而主要集中在补偿和拆迁安置的政策层面，仅仅力求"尽量减少现有体制带来的不利"③。

在中国情景下，房屋业主的争议行动却也具有自身的意义。正如前文所述，通过采取个体形式的行动，中国的房屋业主巧妙地避免了集体运动所带来的政治风险；最令人印象深刻的则是业主如何巧妙地利用新《物权法》里的话语进行正当性抵抗，从而稀释体制压力。因此，中国房屋业主的抗议活动，无论是在具体的形式、策略还是话语选择上，都不失为中国情景下的一种创造性的行动策略。更重要的是，它们揭示了中国房屋业主是"如何在现有政治制度与政策框架内来合法地参与、抗争与游说"④。派米拉·潘（Pamela Pan）进一步评论道，居民的拖延行动可以为那些"在经济和政治上处于弱势的社会群体在充满利益纷争的环境中开辟博弈

---

① Margit Mayer, "The 'Right to the City' in the Context of Shifting Mottos of Urban Social Movements", *City*, Vol. 12, No. 2-3, 2009.

② Hyun Bang Shin, "The Right to the City and Critical Reflections on China's Property Rights Activism", *Antipode*, Vol. 45, No. 5, 2013.

③ Eric J. Hobsbawm, "Peasants and Politics", *The Journal of Peasant Studies*, Vol. 1, No. 1, 1973.

④ Kevin J O'Brien, "Rightful Resistance", *World Politics*, Vol. 49, No. 1, 1996.

空间"①。

为了推动城市的快速发展,地方政府采用了一整套治理措施来确保土地资本的快速循环。这些措施包括放松贷款、放宽土地管制以及其他支持性地方政策。然而,吸引资本的一揽子政策却很有可能在越发频繁的拖延策略面前变得无效:拖延行动是地方快速发展所面临的主要障碍,不仅仅严重拖延施工进度,更可能增加土地开发成本,极易使得资本为规避风险而退却。如何应对来自居民的拖延行动则成为许多地方政府面临的挑战。很多城市选择了运用强制性的权力来解决空间争议问题。使用合法性的强制权力以及将强制权力合法化成为快速发展背景下许多地方所选择的治理手段。

二 治理矛盾的地方策略:强制权力的合法性使用

拖延行动在全球各个城市流行着,作为居民对抗资本与以发展为导向的城市政策的有效手段。同时,作为应对措施,许多城市政府均采用了强制征收的方式来松动居民对土地的占有,从而加速资本的空间循环过程。在美国,政府凭借强制征收法令(Power of Eminent Domain)强制征收那些拒绝出售的土地与房屋;在英国,市政府依靠发布强制购买令(Compulsory Purchase Orders)来购买私有房产,从而将分散的所有权重构为完整的土地,并推动综合性的、旗舰城市更新项目;在土耳其的伊斯坦布尔,强制力使用的形式略有不同——地方政府借助警察的力量和高压水枪驱散前来抗议

---

① Pamela N. Phan, "Enriching the Land or the Political Elite? Lessons from China on Democratization of the Urban Renewal Process", *Pacific Rim Law & Policy Journal*, Vol. 14, 2005.

的居民①。正如哈维所评论的那样,"强制征用是创造性毁灭的经典时刻,财富积累通过暴力剥夺而实现"②。

作为一种有效地推动城市发展的手段,强制征收却也面临着极大的社会争议。因此,如何构建强制征收的合法性成为一种挑战。在许多国家,地方治理过程的主要议题之一便是如何将强制征收重新塑造为"治理行为而非侵犯行为"③。而法律框架的构建以及合法性的建构则成为主要的实现途径。在贫穷的民主国家印度,德里地方政府通过法庭裁决而将贫民窟的居民定义为非法公民,从而使得强制拆除行为变得合法、正当。④ 在美国,虽然宪法第五修正案试图对强制征用权利加以限制,提出"强制征收令仅限于为公共利益而征收私有财产"。然而,在实践中,"公共利益"被巧妙地诠

---

① John Lovering, Hade TÜRkmen, "Bulldozer Neo-Liberalism in Istanbul: the State-Led Construction of Property Markets, and the Displacement of the Urban Poor", *International Planning Studies*, Vol. 16, No. 1, 2011; Tunde Agbola, A. M. Jinadu, "Forced Eviction and Forced Relocation in Nigeria: the Experience of Those Evicted from Maroko in 1990", *Environment and Urbanization*, Vol. 9, No. 2, 1997; Kris Olds, Tim Bunnell, Scott Leckie, "Forced Evictions in Tropical Cities: An Introduction", *Singapore Journal of Tropical Geography*, Vol. 23, No. 3, 2002; Stephen Dobbs, "Urban Redevelopment and the Forced Eviction of Lighters from the Singapore River", *Singapore Journal of Tropical Geography*, Vol. 23, No. 3, 2002; Jean D Du Plessis, "The Growing Problem of Forced Evictions and the Crucial Importance of Community-Based, Locally Appropriate Alternatives", *Environment and Urbanization*, Vol. 17, No. 1, 2005; Hyun Bang Shin, "Living on the Edge: Financing Post-Displacement Housing in Urban Redevelopment Projects in Seoul", *Environment and Urbanization*, Vol. 20, No. 2, 2008; Braimah R. Farouk, Mensah Owusu, "If in Doubt, Count": the Role of Community-Driven Enumerations in Blocking Eviction in Old Fadama, Accra. *Environment and Urbanization*, Vol. 24, No. 1, 2012; David Harvey, *Rebel Cities: from the Right to the City to the Urban Revolution*. Verso Books, 2012; ÜLke Evrim Uysal, "An Urban Social Movement Challenging Urban Regeneration: the Case of Sulukule, Istanbul", *Cities*, Vol. 29, No. 1, 2012.

② David Harvey, *Rebel Cities: from the Right to the City to the Urban Revolution*. Verso Books, 2012, p. 25.

③ Gautam Bhan, "This Is No Longer the City I Once Knew", Evictions, the Urban Poor and the Right to the City in Millennial Delhi. *Environment and Urbanization*, Vol. 21, No. 1, 2009.

④ Follmann, Alexander, "Uvban mega-projects for a 'world-class' Riverfront-The in Terplay of Informality: Fleribilsty and Exceptionality Along the Yamuna in Delhi, india", *Hahitat International*, Vol. 45, No. 3, 2015.

释着,最终被无节制地滥用,成为几乎与"公共目的"相同等的概念。而其后果则是,几乎所有的城市开发项目都能找到一定的"公共目的"属性——哪怕是仅仅能给城市带来经济收益的地产开发项目,也声称自己为城市带来了整体性发展,从而具有公共目的。因此,在美国的城市中,几乎所有的开发项目都可以堂而皇之地借地方政府之手而使用土地征用权[1]。

在我国,强制征收与强制拆迁行为同样是地方治理过程的重要组成部分。这种地方治理过程的第一个特征为诉诸公共利益的合法性构建。在新《物权法》中,对强制征收和公共利益做出了如下规定:"为了公共利益的需要,依照法律规定的权限和程序可以征收集体所有的土地和单位、个人的房屋及其他不动产"。然而,无论是《物权法》本身还是其他法律,都没有明确界定"公共利益"的内容,从而为"公共利益"的诠释和滥用留下了空间。模糊的界定成为一把万能钥匙,可以被运用到许多场景当中,作为获取合法性的治理手段。无论是建设学校、城市基础设施,抑或是开发新的购物中心或楼盘,公共利益总会以不同的名义进入公共政策的话语体系。在过去的30多年里,"公共利益"之名在许多城市被滥用,以"公共利益"为名义而实施的强制拆迁也屡见不鲜。的确,正如伊姆里(Rob Imrie)与托马斯(Huw Thomas)所评论的那样,公共利益反映了一种法律意识形态,这种法律意识形态服务于某些物质利益,并凌驾于其他利益之上[2]。

强制拆迁式治理的第二个特征则涉及强制权力的使用。艾伦(John Allen)将强制权力定义为"通过消极制裁的威胁来施以影响

---

[1] Daniel B. Kelly, "the Public Use Requirement in Eminent Domain Law: A Rationale Based on Secret Purchases and Private Influence", *Cornell Law Review*, Vol. 92, No. 1, 2006.

[2] Rob Imrie, Huw Thomas, "Law, Legal Struggles and Urban Regeneration: Rethinking the Relationships", *Urban Studies*, Vol. 34, No. 9, 1997; Tim Blackman, "Planning Inquiries: A Socio-Legal Study", *Sociology*, Vol. 25, No. 2, 1991.

的能力"①。在我国，强制征收不仅仅涉及行政强制权力的直接运用，这一过程也充满着象征性的强制影响力。我们首先看到的是强制性话语的运用。那些拒绝搬迁、意图使用拖延策略的居民往往会收到来自街道办事处的通知，会以极具行政命令口吻的语言责令限期搬迁。周亚当（Adam Yuet Chau）也对中国城市更新中的"符号性"强制力做出了有趣的解读。周亚当指出，在那些即将拆除的房屋的墙体上涂写"拆"字是一种充满权力意味的"文本行为"②（图3—2）。通过这种行为，公共部门旨在传达"强制命令"而非"对话沟通"，对拆迁的居民施加控制，而非与他们进行沟通交流。周亚当认为，建筑上所涂写的"拆"字不仅仅表达了"拆除"这一字面含义，其形态也暗含着许多其他象征性意义。例如，根据他的解读，"拆"字之所以通常用红色涂写，其目的在于强制性地吸引居民的注意力；而文字书写也通常十分不美观，这也间接地起到了"丑化"目标建筑物的目的。在最后，房屋的拆除现场也隐隐透露着强制性行政权力的在场。除了拆迁公司挖掘机的轰鸣声和强有力的机械运作场面，拆迁现场也会有身穿制服的公共部门执法人员监督，由此彰显着拆除过程的合法性。

我国城市中强制征收的第三个特征为公共权力的监管失效。这首先表现为公共权力对自身的监管失效。在2001年所颁布的《城市房屋拆迁管理条例》中，赋予了地方政府进行裁决、决定是否为开发公司颁发强制拆迁许可证的权力。然而，地方政府与开发商往往结成了地方发展联盟，地方政府的裁决权实际上赋予了地方政府参与者和裁判员的双重角色。为了尽快回收土地，地方政府常常对强制拆迁许可证予以"橡皮图章式"的审批；而地方政府的裁决权

---

① John Allen, *Lost Geographies of Power*, John Wiley & Sons, 2011, p.60.
② Adam Yuet Chau, "An Awful Mark: Symbolic Violence and Urban Renewal in Reform-Era China", *Visual Studies*, Vol.23, No.3, 2008.

利和自身利益却难以受到有效的监督。

公共权力的监管失效也表现为地方政府对资本行为的监管不力。事实上，这种监管不力在一定程度上反映了地方政府的发展优先导向及其对资本的放松管制。在2001年版本的《城市房屋拆迁管理条例》中做出了如下规定：如果拆迁公司在未取得房屋拆迁许可证的前提下擅自实施拆迁，将被处以罚款，罚款标准定位为每平方米20—50元。同时，条例中的另外一条规定为：居民在收到街道强拆通知之后的3个月内可以提起法律诉讼，但是诉讼期间并未明确规定要停止拆迁行为。这些对资本的违规行为极其温和的规定再一次体现了地方政府的发展理性。正是由于地方政府的监管不力，开发商违法拆迁的行为时有发生。

政府不当监管和违法拆迁的事例不仅仅发生在我国，在其他许多国家也同样存在。例如，哈维对首尔的强拆做出了评论，他指出，20世纪90年代，"韩国首尔的一些建筑公司和开发商雇用一批摔跤手类型的打手，进入到整个街区，用大铁锤肆意打砸房屋和其他财产"[1]。

在地方强烈的发展导向之下，城市拆迁过程俨然成为一头"格里芬"怪兽——公共权力、资本利益、暴力与法律话语杂糅交错，难分界限。强制拆迁行为越演越烈，其中2004年湖南嘉禾县的拆迁事件引发了社会公众的热议[2]。的确，对于推动地方发展这一目的来说，强制拆迁不失为一种有效的手段，它有效地终止了居民的拖延策略，实现了土地的回收与资本的快速循环。然而，强制力的

---

[1] David Harvey, *Rebel Cities: from the Right to the City to the Urban Revolution*, Verso Books, 2012, p.19.

[2] 该项目涉及1000多户家庭，但其中300多户家庭拒绝接受赔偿，并选择采取拖延策略。嘉禾县政府悬挂出"谁影响嘉禾一阵子，我就影响他一辈子"的标语。当地政府不仅仅纵容开发商所采用的堵门、砸窗、断电等暴力行为，同时动员公职人员劝说钉子户，并以劝不动就开除公职作为威胁来进行动员。

使用却带来了一系列更加激烈的社会矛盾,而这有可能进一步演变成一场危及国家政治合法性的风暴①。地方强制拆迁行为及其所导致的社会矛盾引发了中央的关注。自2005年以来,中央政府召开了一系列内部会议,讨论和构想相应的改革举措,并于2010年和2011年颁布了一系列政府文件和政策,对地方的强制拆迁进行了监管与矫正。

三 基于稳定的干预:体制压力下的地方治理转型

为了约束地方的强制拆迁行为,中央政府在2010年颁布了一系列政策法规。其中包括国务院于2010年5月颁布的《关于进一步严格征地拆迁管理工作切实维护群众合法权益的紧急通知》。通知中首先对于非法强拆活动做出了明确的界定,指出"停水、停电、阻断交通……和其他暴力和威胁手段……以及随意动用公安民警参与强制征地拆迁"等均属于非法强拆行为。此外,通知中也责令地方政府停止此类违法行为,否则将追究相关党政领导与有关责任单位的法律责任。

随后,国土资源部于2010年6月下发了《关于进一步做好征地管理工作的通知》,其中进一步规范和细化了地方国土资源部门的监管职责,旨在通过纵向垂直管理体系来规范地方征地行为。该文件除了回应了国务院办公厅关于禁止非法强拆的命令,还建议地方国土资源部门"要认真做好政策宣传解释和群众思想疏导工作,得到群众的理解和支持,不得强行征地"。

---

① 2009年成都市金牛区的唐某自焚事件中,主人公唐女士起诉开发商未经允许强制拆迁未果,用极端的抗议行为来反抗房屋拆迁。同年,男居民徐某用自制炸弹袭击了拆迁公司的办公楼。

为了确保中央政策在地方得以落实，中央政府采取了以下两项措施：规范地方政府权力与运用人事任免权。首先，中央政府对地方在土地征收中的自由裁量权进行了更为严格的监管。2011年国务院颁布了《国有土地上房屋征收与补偿条例》，对强制拆除做出了以下规定："被征收人在法定期限内不申请行政复议或者不提起行政诉讼，在补偿决定规定的期限内又不搬迁的，由做出房屋征收决定的市、县级人民政府依法申请人民法院强制执行。"从而，地方政府不再具有"裁判员"的身份，强制拆除的权力收归法院所有。这体现了司法对行动权力实施监管的基本思路。

在我国司法对行政权力的监督具有一定的局限性。由于地方政府对于司法裁决的干预，很多时候法院裁决成为行政权力获取合法性的橡皮图章。然而，新条例的颁布及其对于地方政府权力的约束依旧具有重大意义。它意味着土地征收与强制拆迁不再是专属于地方政府的不受限制、不受监督的权力，也不再是地方政府为实现快速的土地征收进程所能采用的便利工具。相反，向法院提起强拆申请已经成为当地政府必须遵守的法律程序。无论司法监督是否只是停驻于表面，但这一监督机制的设定的确削弱了地方政府的自由裁量权力，也极大地缓解了由强制拆迁所带来的社会矛盾。

中央政府也通过对地方的人事权力来实现纵向监督。正如前文所述，虽然地方政府被赋予更多的经济发展方面的自主权，但中央政府通过对地方官员的任免与奖惩权力，依旧可以对地方施以有效的监督与政治调控。首先，地方官员为了在"晋升锦标赛"中获得优胜，需要更好地领会、贯彻和创新性地实施中央的意志与政策法规。因此，中央所制定的一系列有关土地征收的政策文件，一经颁布，便在地方上引起了反响，许多城市开始出台地方配套法规，来规范土地征收流程，约束强制拆迁权力的滥用。

此外，中央对于地方官员的处罚权力也不失为一种行之有效的监管手段。2011年3月,中共中央纪委办公厅与监察部办公厅发布了《关于加强监督检查进一步规范征地拆迁行为的通知》,其中重申了禁止强制拆迁行为。通知中提到,对采取中断供水、供热、供气、供电和道路通行等非法方式迫使搬迁行为将予以处罚,同时还规定:"对有令不行、有禁不止的,违规动用警力参与征地拆迁的,因工作不力、简单粗暴、失职渎职引发恶性事件和群体性事件的,对违法违规征地拆迁行为不制止、隐瞒不报、压案不查的,要严肃追究有关领导人员的责任。"

在中纪委颁布通知以后,中央进一步落实了处罚权力,从而督促地方官员落实中央政策。2011年,中央电视台的新闻联播中对57名违反禁止强拆法令的地方官员受处罚的情况予以报道。这些官员在土地征收过程中涉嫌纵容暴徒实施暴力活动、威胁居民以及其他非法行为。这其中也包括1名省级和4名市级等较高层级的地方官员。此外,新闻报道聚焦了吉林省长春市的违法强拆案例。长春市某拆迁公司在夜间强行拆除房屋时,导致了一名居民被埋身亡,因此地方政府官员受到了中央政府较为严厉的处罚:责令长春市市长公开向市民道歉,副市长受到记过处罚;包括警察、国土资源局等9个相关部门的领导被问责、开除并接受其他相应的法律责任。对地方官员的公开处罚较为有效地起到了警示作用,有利于中央权力的贯彻落实。

总的来说,中央政府的一系列政策改革的确起到了积极作用,有效地遏制了城市化进程中的地方权力滥用现象。通过对强制拆迁行为加以监管,在一定程度上减少了地方非法和暴力行为,重塑了土地征收过程,减少了社会冲突,使得土地征收过程更加有序、更具合法性。但在更深层次上,支撑中国城市化进程的经济政治体制和政策逻辑仍然没有改变,加快土地征收、促进城市发展的愿望和动力依然强劲。在中国背景下,快速城市化政策仍然是中央政府获取政治合法性的关键环节，也是地方政府解决财政危机的重要手段（详见第一章）。因此，虽然实现社会稳定是中央政府的重要议程，但确保土地征收顺畅、推动城市发展与城镇化进程也同样是其治理的核心维度。

因此，中央政府推动改革的真正意图并不是延缓城市化进程，而是重塑地方治理过程，实现社会稳定与快速发展并举这一政策目标。在2013年国务院常务会议上，在评价城市土地征收改革时强调，地方政府应该继续"加快棚户区改造，促进经济发展和民生改善……尊重群众意愿，禁止强拆强迁，依法维护群众合法权益，把好事办好"[①]。此外，2011年《人民日报》在评论新出台的《国有土地上房屋征收与补偿条例》时，鼓励地方探索新的治理思路，以更加文明和谐的方式进行土地征收；同时也指出，政策改革的真正目的是增强地方治理能力，"中国的城市化是一个大趋势。在这一'除旧布新'的过程中，我们理解地方治理者的不易与艰难……当一些地方以断水、断电、断路等方式强迫搬迁时，也有一些地方在积极探索拆迁补偿的利民新机制；当一些地方深夜偷袭民宅搞强拆时，也有一些地方正在推行阳光征收维护居民利益；当一些地方的拆迁推土机与燃烧瓶对峙时，也有一些地方在强调'先安置后搬迁、先补偿后拆迁'……不同拆迁行为的背后，实则是执政能力的差距。从这个意义上看，在拆迁中能否正确处理发展经济、维护稳定、保护群众利益的关系，能否实现依法、文明、和谐征地拆迁，是一个地方治理水平的分水岭，决定着领导干部是否有资格'为人民服务'"[②]。

中央政府的改革举措给地方带来了极大的挑战：一方面，基

[①] 国务院：《改造棚户区形成新的经济增长点》，《新京报》2013-06-27，http://www.gov.cn/guowuyuan/2013-06/26/content_2591125.htm。

[②] 范正伟：《人民时评："禁止违法强拆"是执政高压线》[EB/OL]，《中国共产党新闻网》2011-09-23。http://cpc.people.com.cn/GB/64093/64099/15733215.html。

于中央的要求，地方需要维持地方城市化与经济发展的速度，并继续由此获得政治资源与财政收入；另一方面，地方政府却又被剥夺了强制拆迁这一推动快速发展最为有效的工具，面临着更加严格的制度约束与权力监管。地方政府迫切需要改革与探索新的治理举措，从而实现快速发展和社会稳定的双重治理目的。中国地方政府应该如何应对这一治理挑战？哪些治理举措会应运而生？而这些新的政府举措将会对治理形式、央地权力关系以及国家与社会之间的关系带来何种影响？我们将在接下来的章节中继续探索这些问题。

四 本章小结：城市空间矛盾及其治理策略

本章讨论了我国城市化进程中的社会矛盾及其治理措施。首先，我国城市空间矛盾主要表现为业主的抗议行动和拖延策略，其目的是经济的、现实的和政策层面的，即争取更高的拆迁补偿和位置更好的安置住房。在2010年以前，对这种空间矛盾的治理主要由地方政府所主导，秉持着粗放式的、以发展为导向的基本逻辑。在实践层面，这种治理方式表现为强制征收和强制拆迁权力的滥用，由此引发了更加严重的社会矛盾。2010年以后，由于中央政府的监管与干预，我国对于城市空间矛盾的治理则更加注重社会稳定与发展之间的平衡。

在新的治理思路和理念下，地方政府的治理过程必然需要改革创新。这也引出了我们的核心研究问题：地方政府如何来应对城市更新中所出现的社会矛盾和社会争议？我们尤其感兴趣的是，彭轲声称中国治理转型在总体上预示着一个"更强大、更机智、更隐晦但更具侵入性"① 的国家已然出现,那么地方政府在治理城市社会矛盾中的改革措施是否回应了这一观点?在接下来的章节中,我们将以青岛市为例,来讨论城市更新中的社会矛盾及其治理问题。

---

① Frank N. Pieke, "The Communist Party and Social Management in China", *China Information*, Vol. 26, No. 2, 2012.

第 四 章

城市主义及其转型:青岛社会矛盾及其治理策略的历史演进

在青岛的百年城市发展历史中,其城市发展轨迹经历了一系列转变。在 20 世纪初期,青岛凭借着殖民主义的城市规划而开始了其城市化的进程;到 20 世纪 50 年代,社会主义工业化进程重新改写了城市空间的形态与意义,统一规划的城市发展模式重塑了这一时期的城市主义;20 世纪 90 年代的市场改革则开启了青岛的新自由主义转型,一系列城市开发项目隆重登场,使得我们见证了青岛这座城市的快速蜕变。在这一章中,我们将从城市景观、建筑形式、生活方式、政治制度、文化体验等方面勾勒青岛的城市化进程,并讨论青岛的空间脉络和城市主义的演进历史。

我们对青岛城市主义发展历史的观察集中于这样一条主线:即城市发展与社会冲突的演进与内在关联。两者相互生产、不断重塑,在不同的历史时期以不同的形式呈现[1]。在殖民时期,殖民主义的空间规划酝酿着基于文化偏见和种族统治的地方性抵抗;进入 20 世纪 50 年代以后,逐渐浮现的矛盾形式则是民众对社会主义制度下以生产为主导的、以节俭主义为原则的生活方式的不满。自 20 世纪 90 年代初以来,市场化改革与新自由主义重新定义了青岛的

---

[1] Manuel Castells, *The City and the Grassroots: A Cross-Cultural Theory of Urban Social Movements*, Berkeley, 1983.

城市社会空间生产过程。那些围绕青岛城市规划与发展而出现的城市争论，代表了这一时期中国城市典型的城市社会矛盾。这些矛盾表现为内城拆除重建、拆迁安置、低补偿水平以及地方政府在拆迁过程中所引发的利益博弈与社会冲突。不断演变的城市主义与城市矛盾形态推动了城市治理模式的不断改革。而正是在新自由主义的城市转型背景下，青岛市尝试了一条新的治理途径：社区治理和居民参与。在接下来的章节里，我们将讨论这种新的治理方式是如何设计与开展的。

一 本地主义与殖民主义：德国殖民时期城市规划与社会治理的空间策略

在青岛初具规模以前，其政治经济活动已然开展并被史书所记载。早在 600 年，即唐朝时期，青岛即已成为中国沿海的军事要塞，在抵御朝鲜和日本军队的海上入侵中发挥着举足轻重的作用。在接下来的几个世纪里，随着中日之间一系列海上战争的爆发与升级，青岛的军事力量得以进一步扩张。1110 年，青岛已经发展成为拥有 3000 名士兵的中型军事基地。军事力量直接推动了人口的聚集和社会经济活动的繁荣。此时，青岛东海岸的一个小乡镇——板桥镇迅速发展起来，在短期内一跃成为山东省著名的港口和商业中心。在接下来的几十年里，板桥镇的商业和航运迅猛发展。到了 12 世纪末，板桥镇已经成为全国最大的沿海商业城镇和海港之一。在 13—14 世纪，青岛板桥镇的航运业务不断扩张并吸引了来自中国各地以及日本等亚洲国家的大批移民，其中既有商业精英，也有劳工群体。15—18 世纪，得益于与日本、印度等亚洲国家密切的商业关系，板桥镇的经济日渐繁荣，并在 19 世纪达到了鼎盛状态。在 19 世纪 80 年代，青岛已经成为一个拥有 7 万居民的繁荣之地，而板

第四章　城市主义及其转型：青岛社会矛盾及其治理策略的历史演进

桥镇作为连接南亚、西亚和中国内地的枢纽，每天吞吐着大量的人流与物流。然而，行政职能的延展与建构却远远滞后于社会经济活动的进程。为了治安与征税目的，清政府直至1882年才在青岛建立了当地历史上第一个政府机构。

青岛的繁盛是相对的、也是地域性的。19世纪八九十年代，虽然青岛见证了其经济的繁盛，中国整体的政治经济态势则并不乐观。在这一时期，中国面临着严重的经济衰退以及政治腐败、社会骚乱与外交危机等问题。英国、法国以及其他西方国家迫使政治和经济上羸弱的清政府开放众多沿海城市，作为这些国家产品倾销的自由港。迫于外交压力，包括天津、大连和广州等在内的城市在19世纪末接连被迫相继开放。在1897年，德国海军入侵青岛，并在1898年与清政府签订了青岛租借条约。青岛从此进入了德国殖民地时期。

1898年，杰斯克（Satrap Jaeschke）经由德国皇帝任命而成为历史上第一任青岛总督。同年，这两位政治精英就德国的海外策略达成了一致意见：把青岛建设成为拥有繁荣的经济、宜人的环境和良好的社会政治秩序的一流殖民地。在这一总体战略下，有关青岛城市化的其他规划相继确定。德国殖民者对青岛的发展前景极具野心，力求在十年内将青岛建成超越香港等老牌殖民地的经济商贸中心。而德国本土的政客们纷纷对这一规划表示支持，德国政府也提供了充足的财政支持来确保青岛的快速发展。

莱特（Gwendolyn Wright）对于殖民主义城市规划的内在理性做出了精彩的解读。她指出，殖民地的城市发展与国内政治进程之间有着深刻的内在关联性，经济权利、政治话语与空间想象构建起了两个不同空间之间的政治经济联系[1]。在莱特对摩洛哥、印度支那和马达加斯加法国殖民地的研究中，她发现这些海外殖民空间扮

---

[1] Gwendolyn Wright, *The Politics of Design in French Colonial Urbanism*. University of Chicago Press, 1991.

演着重要的角色。一方面，这些海外殖民地发挥着政策试验场的作用，在这里，大胆的、激进的、在国内难以推广和倍受阻力的城市规划方案得以实施。另一方面，这里还是政治精英、规划师和技术人员展现其智慧和政治成就的橱窗，为统治者获取国内的政治支持并攫取政治合法性提供了便捷的海外平台。

在德国雄心勃勃的殖民地建设规划的背后，是一个深陷政治和经济危机窘境的国内政权。在19世纪末期，德国在欧洲的政治和经济权力被英国、意大利、奥地利和其他新崛起的欧洲国家严重削弱，而这些国家快速崛起的原因正是由于建立了海外殖民地并由此实现了快速的财富积累。德国在欧洲的边缘化引发了一系列国内政治危机，包括民族认同衰落、公众信任和支持下降，以及无产阶级社会运动的兴起。德国在青岛雄心勃勃的发展规划与德国国内阴郁的景象是高度关联、相互塑造的。具体来说，德国对青岛的雄心不仅是单纯的经济剥削，还蕴含着更深层次的政治功能和象征意义。一方面，德国殖民者视青岛为重要的海外市场，瞄准了青岛的煤炭、棉花等原材料；与此同时，之所以要把青岛建设成一流的、成功的殖民地，也涉及国内政治精英的治理目的——通过将青岛打造为德国国力的展示场，来重获国际地位与国内民众的政治支持、政治信任和民族团结。建设殖民地背后所隐藏的"治理策略"与21世纪美国发动伊拉克战争背后的政治逻辑极为相似：它们都寻求着通过在海外开辟政治、军事与文化战场，来转移本土公民的凝视与舆论压力，从而缓和国内紧张的政治态势。

自1898年开始，来自德国的城市学者、规划师、工程师/技术人员开始着手青岛的城市规划与开发建设工作。他们的实践回应并具像化了政治精英和统治者关于把青岛建成一流殖民地的政治想象。青岛的第一个城市总体规划由德国规划师于1900年起草。同年，这一版本的城市规划被公之于众并得以实施。根据城市总体规

第四章　城市主义及其转型：青岛社会矛盾及其治理策略的历史演进

划的设想，青岛应在未来十数年内被建成一个港口城市，而整个城市发展围绕着沿海地带的两个港口而铺开：位于北侧的港口即今天的大港码头，位于南侧的则是今天的小港码头。在港口身后，则是一个可以容纳5万居民的小型城市，其由三个功能区组成：工业及仓储区、位于港口附近的小型商业区，以及远离港口和工厂地带的居住区（见图4—1）。该规划开启了青岛快速的城市化进程。从1900年起，在规划方案所圈定的区域内，德国殖民者开始了大规模的土地购置和拆迁，大约有2000名村民被迫从沿海地区迁往内陆地区。

德国殖民者推行的迁移政策遭到当地村民的强烈抵制。这一方面是由本地传统的经济模式所决定的——本地以捕鱼来维持生计的渔民对沿海区域具有强烈的地理依赖性。另一方面，也是出于居民强烈的"感情依附"与"家园情怀"。为了应对这种空间纷争，德国殖民者向村民提供了高额的补偿金，并向他们承诺了未来城市中的工作机会。此外，德国殖民者也实施了一系列怀柔政策，包括借用民间权威士绅人物来进行游说与动员。比起以法国为代表的强制性、压力型的殖民策略，德国殖民者在青岛的殖民政策更趋向温和、以稳定和发展为导向。

青岛总体规划中采用的港口城市设计方案堪称19世纪末20世纪初殖民主义城市化和城市规划的典范。正如金恩（king）所评论的那样，建设港口城市之所以在这一时期成为殖民地的首选城市发展战略，是由当时的全球经济形态所决定的——那是一个海运主导和海上争霸的时期，港口城市在全球经济政治网络中扮演着枢纽作用，而通过将殖民地建设成港口城市，这些曾经的"荒蛮之地"便被纳入了国际分工体系中[1]。

---

[1] Anthony D. King, "Colonialism, Urbanism and the Capitalist World Economy", *International Journal of Urban and Regional Research*, Vol. 13, No. 1, 1989; Dilip K. Basu, *The Rise and Growth of the Colonial Port Cities in Asia*, University Press of America, 1979 (Second Edition 1985).

旧城改造:理性转型与权力重构

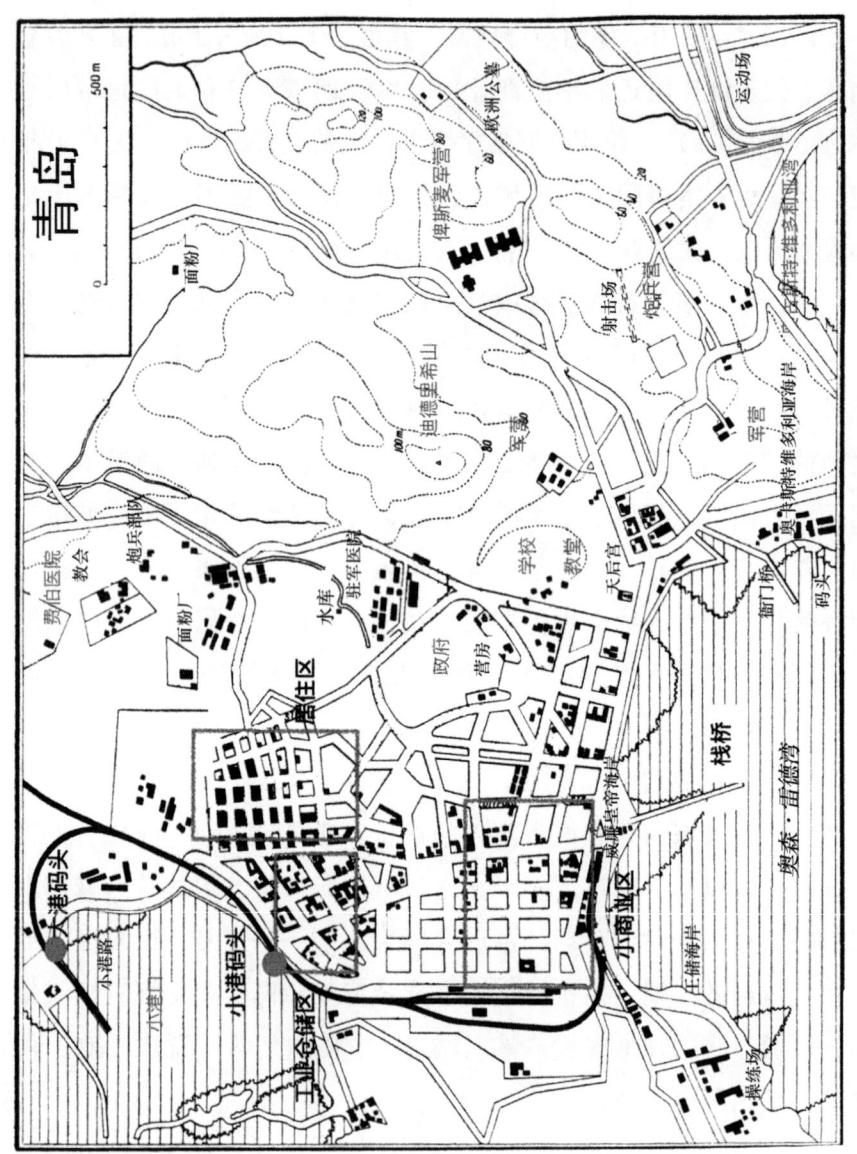

图 4—1 1900 年青岛城市规划

第四章 城市主义及其转型:青岛社会矛盾及其治理策略的历史演进

德国的政治家和规划师们将港口经济作为青岛的支柱产业,坚持不惜一切代价建设一流的现代化港口,从而支持青岛经济的快速和可持续发展。为此,德国政府在1898—1902年(4年时间里)投入了5亿马克用于支持青岛港项目,这相当于当时德国两年的国内生产总值。雄厚的资金支持使德国的工程师和技术人员有机会在青岛港进行大胆的、创新性的城市规划和设计。为了确保青岛港抵御海上风暴的能力,其设计借鉴了意大利西北部的热那亚,这是当时著名的现代欧洲港口之一。此外,青岛港还使用了铁路轨道、折叠式起重机等高科技设备,也包括一个可承载1万吨货轮的大型浮动船坞用来确保青岛港的货物吞吐量。德国技术人员和工程师在青岛港的工作得到了许多德国政界人士的称赞,其中包括青岛总督杰斯克。杰斯克在1906年向德国政府提交的工作报告中称赞了青岛港的前卫,并指出,高科技的设备是德国实力和力量的有力证据:

> 青岛港已经超过了亚洲任何其他港口。在香港、上海、天津、长崎、神户等许多发展历史较长的港口,大吨位货轮的装载仍然需要借用舢板和大量的人力。但在青岛,我们有自动装置来完成这项任务……我们有精心设计的灯塔,还有理想的海岸线形状,可以让船只免受海上风暴的袭击。在很大程度上,我们已经克服了天气对航运的影响……在东亚,没有比青岛更好的港口了。[①]

在莱特的观察中,法国殖民者在海外的发展策略常常在保护传统与追求现代化之间摇摆不定,而德国的规划者们在青岛则十分坚定地走着清除传统景观、全力推动青岛现代化的道路。德国规划者

---

① P. Jaeschke, *Jiao Ao Development Memo*, 1906.

将欧洲城市主义视为衡量现代化的毋庸置疑的标准。在1898年，德国政府颁布了《建筑控制条例》，规定青岛市的整体建筑风貌应为欧式，不再保留中式建筑。该条例亦重视建筑美学——这种美学体现为以欧式建筑设计为基础的多元化的设计风格，以及对街道建筑风格多元共融理念的推崇。由于这一条例的颁布与实施，大量的西式建筑与文化符号在这个时期涌入青岛，包括经典复兴、巴洛克、洛可可、新艺术运动风格的柱子和拱门等建筑形式。

与此同时，重塑一个欧式风貌的城市意味着要大规模拆除本土的中国式建筑，这引发了青岛当地居民的抗议。矛盾的高潮发生在拆除一座有四百多年历史的寺庙——天后宫，这引发了当地居民的抗议活动以及街头游行和集体示威。社会冲突的结果以德国殖民者的妥协和让步而告终。天后宫得以保留，而青岛沿海一带其他中式建筑尽被拆除，这座寺庙也因此成为唯一一座坐落在欧洲风貌新城中的中式建筑。

除了建筑规范，德国还尝试通过其他举措将欧洲式的城市主义移植到青岛。为了提高城市卫生标准，德国工程师引进了当时在欧洲发明并广泛使用的一系列设施，包括自来水、地下排污系统、澡堂、郊区垃圾场和设备齐全的屠宰场。德国政府还投资兴建和完善学校、教堂、医院、邮局等城市公共服务，并将电力和汽车引进青岛，以此创造现代的城市生活方式。

更确切地说，青岛不仅是欧洲化的，而更多是德国化的。对于德国的规划师来说，仅仅把青岛建成一个具有欧洲建筑风貌的城市是远远不够的，他们痴迷于把青岛规划成一个像家一样的地方，一个承载着德国社会和文化纹理的海外飞地[1]。青岛的街道是以德国名人和著名城市的名字命名的：位于其市中心的一条主干道被命名

---

[1] Michel Foucault, Jay Miskowiec, "Of Other Spaces", *Diacritics*, 1986.

为柏林街（Berlin Street，今曲阜路）；城市南侧临海的另一条主干道被命名为威廉皇帝街（Emperor William Road，今太平路）；威廉皇帝街以北是海因里希亲王街（Prinz Heinrich Street），其在 20 世纪 40 年代后改名为广西路。同时，青岛市内建立了海洋俱乐部等多种休闲设施，提供台球、酒吧、舞蹈等娱乐活动，成为主要的休闲社交场所；海因里希王子酒店（Prinz Heinrich Hotel）配备了青岛第一家电影院和剧院，也是当时最受欢迎的欧洲管弦乐团之一——德国海军管弦乐团经常演出的地方。青岛也生产德国食品和饮料。1903 年，第一家咖啡馆——弗洛塞尔咖啡馆（Cafe Flossel）在克罗普林茨街开业，其老板是一位瑞士商人。咖啡馆因出售传统的德国食品而被当地人亲切地称为"德国面包店"。同年，一位德国商人海因里希（Heinrich）在毗邻德国兵营的郊区投资兴建了盎格鲁—北欧啤酒厂。这家啤酒厂配备了欧洲最先进的生产线，并聘请了德国啤酒酿酒师，承诺为士兵和市民提供"原汁原味的德国啤酒"。

到 1912 年，青岛的城市建设基本成型，其城市景观依然呈现出欧式风貌——青岛有着网格式的现代路网，位于城市中心的开敞式广场、公园与绿地，以及风格多样的欧式建筑（见图 4—2）。德国的规划者和政界人士，包括青岛总督杰斯克，都对他们在青岛取得的成就表示认同和赞许。在杰斯克呈递给德国政府的工作报告中称，德国已成功地将青岛从原始农业社会改造成现代欧式港口城市，这标志着德国海外殖民策略的巨大成就：

> 青岛曾经是一个未经现代文明洗礼的乡村之地。我们的商贾、官员和士兵们不得不忍受这些破旧不堪、令人沮丧的中国式建筑。这里也没有完善的路网规划和卫生设施……然而，如今的青岛呈现出了与往昔景象的鲜明对比：取代村庄和中国兵

营的是一个经由规划的欧式城市景观……我们拥有发达的街道网络,可供现代汽车通行,我们也有功能完善的城市地下排水系统、自来水和电力供应。这里也有教堂和学校,向中国居民和欧洲居民开放……我们在这片土地上取得了显著的成就。[①]

这段引文不仅仅体现了德国殖民者的自我认可心态,它也暗含着更深层面的政治文化价值观。这是一种文化上的二元分立和偏见,它将卫生的环境、富有美感的建筑视为现代化的标志、并将更广泛意义上的欧洲城市主义置于非欧式城市体验和农村生活方式之上。同时,这种文化偏见也正是殖民主义和殖民压迫的内核[②]。因此,我们可以看到,在20世纪初期,青岛的城市规划与发展不仅仅出于德国对于权力重构的追求和对于开拓海外市场的政治野心,也取决于一种对于城市规划的文化价值偏见——更具体来说,这种偏见不断构建着一种城市话语体系,将欧洲式的城市生活塑造成城市生活所应具有的美好景象。正是在这些社会、政治和文化进程的交汇之处,现代化的青岛城市形态被不断的生产与再生产。当然,这种城市现代化是以本地的生活方式、建筑形态和文化传统的消亡为代价的。

在接下来的几年中,青岛的城市发展按照德国殖民者的规划与想象而顺利得以开展。青岛不仅仅成功地成为展现德国实力的橱窗,也成为其聚敛财富的场所。自1900年以来,青岛的港口商业和经济一直保持着快速发展和繁荣的状态。1901年,德国汉堡海运公司成为第一家在青岛设立总部的欧洲航运公司。紧随其后,来自

[①] P. Jaeschke, *Jiao Ao Development Memo*, 1908.

[②] Gwendolyn Wright, *The Politics of Design in French Colonial Urbanism*, University of Chicago Press, 1991; Jennifer Robinson, *Ordinary Cities: between Modernity and Development*, Routledge, 2013; Paul Rabinow, "Governing Morocco: Modernity and Difference", *International Journal of Urban and Regional Research*, Vol. 13, No. 1, 1989.

第四章 城市主义及其转型：青岛社会矛盾及其治理策略的历史演进

资料来源：网络

图 4—2　1912 年青岛的空中景观

英、法、日以及另外四家德国的海上贸易企业也纷纷入驻青岛。在这些公司的经营下，从青岛港出发的海上航线很快从亚洲扩展到汉堡、阿姆斯特丹等许多大型的欧洲港口。随着铁路运输和航运业务的发展，大量的店铺与银行从山东省其他地区搬到了青岛。几年之后，青岛取代烟台成为山东地区最大的港口城市和商业中心。1907年，青岛港的出口总额超过了大连和天津，成为中国北部地区第二大港口。随着青岛港的快速发展，青岛的税收收入增长了近 20 倍——从 1898 年的 36 万马克增长到 1913 年的 728 万马克。游客、商人、劳工、工程师和政治家都被吸引到了青岛，成为这块海外殖民地的首批移民。1913 年，青岛市人口增至 57578 人，其中包括 1500 名德国人以及来自欧洲其他国家的 2400 位移民。此时，青岛已成为亚洲最繁忙的港口和商业中心之一。

在第一次世界大战中，日英联军在亚洲战场击败了德国军队，从而结束了德国对青岛的统治。在 1914 年，日本人从德国人手中接管青岛，青岛从此进入了日本殖民时期并开始了截然不同的城市发展轨迹。

二 城市社会矛盾、社会隔离与空间警戒：日占时期的城市政治与城市形态

19世纪70年代，日本纺织业迅速发展并一跃成为日本经济的支柱产业。在生产扩张的同时，由于国内缺乏廉价劳动力以及棉花和其他原材料，日本纺织业在20世纪初期面临严重的发展瓶颈。青岛不仅地理位置接近日本领土，而且人口众多、棉花种植规模庞大、煤矿资源丰富，这些均可以支持纺织生产。因此，日本国内的政治家和企业家将青岛视为日本纺织厂的理想海外后院工业基地。这一设想很快生成了政治议程，也成为日本殖民青岛的主要动力，奠定了日本在青岛的殖民规划和治理战略的基本思路。

1914年，来自日本的城市规划师起草了《青岛地区总体规划》。在规划中，青岛市区北部的郊区被划定为日本纺织工厂所坐落的新工业区。工业区不仅为日本工厂提供了廉价的土地，而且还临近北方的棉花农场以及南部的城市地区所承载的大量劳动力。日本政府将发展交通作为殖民治理战略中的重要议程。1916年，工业区已具备较为齐全的公路网和铁路交通；到了1917年，工业区内建起了第一家日本纺织厂，即青岛中外棉纺厂。纺织厂占地17英亩，装有27000个纺锭，其生产的银月亮棉纱很快垄断了当地市场，并产生了可观的利润。1918年，这家纺织公司又投资兴建了两个车间，产量扩大到9万锭，并在随后的50年里一直保持着青岛最大纺织品制造商的市场地位。在巨额利润的刺激下，1919年以后又有8家大型纺织厂相继落户青岛郊区。

在治理和应对社会矛盾时，日本殖民者与德国殖民者采用了截然不同的政策路径。后者在城市发展过程中采用温和的方式来处理

社会冲突，并会适时做出政治妥协。而日本殖民者则与此形成鲜明对比，他们采取高压的、对抗性的方式来应对与当地居民的矛盾。这既是出于一种路径依赖的政策思维——毕竟历史上两国之间的战争冲突和民族敌视从未间断，也是出于日本特有的民族文化。此外，日本殖民者一方面通过压低工资来剥削当地居民，另一方面实施了一套与我们今天称之为"复仇主义城市政策"极为相似的治理措施，来对"无序"行为施以严格的监督与处罚。这也进一步加剧了当地居民针对日本殖民者的抵制活动。由于日本统治与当地居民之间的严重对抗，加强城市"警戒"职能成为日本城市规划与治理的核心议程。

随着在青岛的日本工业的快速发展，本地中国劳工的人口也迅速增长。为了加强管理和控制，日本政府在1915年制定并实施了种族隔离政策。其中的核心内容是将青岛城区强制划分为两大区域：由德国人修建的现代城市基础设施完善的南部城区被划为日本人的生活区域；而在它的东南部的棚户区则被划定为中国工人的聚集地。

正如诺哈（Ambe Njoh）所评论的那样，殖民地的城市空间治理策略的核心和本质是种族隔离政策，总是将更好的地理空间分配给统治者，这体现了权力关系、统治地位和社会等级序列。此外，殖民地的空间隔离政策起到了社会控制的目的，通过分化的空间来实施监督和秩序[1]。具体来说，种族空间隔离政策通过创造多个同质性社会空间，来增强空间的可见性、使得统治权力的空间审视变得可能。在青岛，日本殖民者正是通过实行种族隔

---

[1] Ambe J. Njoh, "Urban Planning As A Tool of Power and Social Control in Colonial Africa", *Planning Perspectives*, Vol. 24, No. 3, 2009; Mariam Dossal, . "Limits of Colonial Urban Planning: A Study of Mid-Nineteenth Century Bombay", *International Journal of Urban and Regional Research*, Vol. 13, No. 1, 1989; Mustafa Dikeç, "Space, Politics, and the Political", *Environment and Planning D: Society and Space*, Vol. 23, No. 2, 2005.

离政策，而将中国人和日本人在地理空间上分而治之，以避免管理乱象。在青岛，城市规划所创造的日本区和中国区的隔离，使得对这两个社会群体的不同治理政策得以实施。在日本区推行高度的卫生和治安标准：街道需保持清洁；人们被要求在公共场所穿着得体；有巡逻队时时巡查以维护地方安全。虽然日本区展现着现代化的城市景观与秩序空间，但中国区却面临着治理缺位、管理无序的问题——其道路网欠发达、卫生条件不足、棚户区聚集、犯罪频发。

为了维护种族的隔离空间，日本殖民者还实施了一系列维护这种空间秩序的监督措施与技巧。中国工人被限制在中国区这一既定空间中，不被允许居住在日本区；日本区的警察巡逻队将盘问和审查那些不符合空间秩序的人——比如那些穿着不当的行人。此外，日本区也实行了严格的宵禁，从而阻止中国工人的渗入。这些警戒措施使中国的隔离区成了禁闭的空间，中国工人和其他可能危及日本隔离区秩序的人（如穷人和罪犯、不卫生的条件和疾病）都被限定在某个"问题空间"当中。

1918年时，青岛人口已增长至8万，而其中近一半则是受雇于日本工厂的中国工人。为了管理大量的中国劳动力，日本殖民者发明了一种新的管理方法并创造了新的管理空间。在青岛郊区的工业园区，日本殖民者建造了大量工人宿舍。这些房屋挤在一些小街区里，居住条件十分简陋：小隔间、低矮的天花板、狭窄的窗户，设计粗糙的通风和照明系统、按规定的时间表限时供给的电力和水。日本工厂常常派人以卫生维护和安全检查的名义进行房间检查。这些新的住房形成了新的"透明空间"，它们将中国工人从青岛市区转移出来，并将他们置于工厂的严密监视之下。

1918年第一次世界大战结束后，中国政府以战胜国的名义开始在一系列战后国际会议上进行政治游说，力争收回中国沿海地区的殖民地与开放口岸。面对中国日益增长的政治压力，日本在1922年的华盛顿会议上同意结束对青岛的统治。在日本军队和警察被驱逐出青岛以后，空间隔离政策也随即被废除。然而，日本企业家仍然控制着大量的纺织厂并持续影响着青岛随后的经济发展趋势。1922年后，中国军阀之间的一系列军事冲突再次导致青岛政局动荡，许多日本工厂被迫关闭，城市经济停滞不前。1938年，日本军队第二次入侵青岛并对其进行殖民统治。与前一时期的统治策略不同的是，此次日本殖民者虽然也制定了雄心勃勃的发展规划，以期再次振兴青岛的纺织工业并提升城市的环境，然而由于中国居民在战争期间所报以的仇外心理和抵抗活动，该规划在实施过程中受到了严重阻碍。1945年，日本军队战败投降并被逐出中国领土，中国恢复对青岛的主权。在1945年至1949年中国内战期间，青岛以及其他许多中国城市的发展停滞不前。1949年内战结束，新中国成立，青岛也在经历了近三十年的战乱、经济衰退和政局动荡之后，终于迎来了又一轮的快速发展。

三 "节俭城市"：计划经济时期的社会矛盾及其空间治理技术

第二次世界大战后，苏联式城市规划模式被包括中国、越南、古巴等在内的众多社会主义国家所效仿。这种规划模式以集中式的经济规划和控制为其核心特征[1]。1953年，我国中央政府出台了第一个国民经济和社会发展五年计划纲要（即一五计划）。规划纲要指出，国家的首要任务应是促进快速的工业发展，并推动大规模的

---

[1] Bishwapriya Sanyal, *Comparative Planning Cultures*, Routledge, 2005; David Bray, *Social Space and Governance in Urban China: the Danwei System from Origins to Reform*, Stanford University Press, 2005.

工业化进程，从而复苏中国经济、实现快速财富积累、并恢复国家的社会和政治秩序。这一发展思路在接下来的几个五年计划中得以延续，以工业化为中心的发展战略也在接下来的二十几年中持续主导着我国的城市发展方向。

在地方层面，城市严格遵循中央的规划思路，并开始以工业化为中心的城市规划和发展。在青岛，振兴当地工业被视为首要任务，城市领导者制定了雄心勃勃的发展计划，迫切地希望在十年内扩大工业生产并跻身全国十大工业城市之列。从20世纪50—80年代，为了扶持当地工业发展，青岛的城市规划和发展思路被反复推敲，多次论证。最终，青岛市政府于1950年提出响彻一时的"城市发展服务于工业发展"这一口号，其引领了青岛市随后四十年的发展路径。

20世纪50年代，青岛市开始了社会主义改造运动，将城市土地、企业和房地产征收为公有财产。首先被征用的是德日殖民时期所建立起来的大量产业，如德国的酿造厂和日本纺织厂、德国殖民者所设计的酒店、海滨别墅等大量住宅，以及日本企业家建造的纺织工人宿舍。青岛市政府将这些住房转化为公有财产，并统一分配给当地国有工厂的工人。简而言之，青岛社会主义经济最初的财富积累过程就是通过此种社会主义转型运动而完成的。在此基础上，青岛市地方政府宣布，在未来的城市发展中将消除殖民主义时期所遗留下来的其他弊病——包括社会隔离、剥夺和压迫制度等。

1960年，青岛制定并实施了战后第一个总体规划，由此进入社会主义统一规划的城市发展阶段。在起草这一规划时，青岛的城市规划师深受苏联规划专家的影响。苏联规划专家于1957年受邀前往青岛，并在移植"苏联模式"的过程中起到了关键作用。根据他的建议，青岛城市总体规划中采用了功能分区方案，同时这种功能分区也充分考虑并尊重了城市的历史发展脉络，寻求空间规划与城市历史的相容性与共生性。在这一总体思路之下，1960年的城市总体规划将青岛划分为六个区域。其中，生活居住区为德国殖民者所建造的老城区，其拥有大量的住宅、发达的路网和下水道系统等生活设施。在住宅区以北，原德日工厂所在地被划分为两个工业区，即台东小工业区和四方工业纺织区。在更北部的城市边缘和农村地区，规划了三个新的重工业园区，即水清沟综合区、仓口棉胶园以及楼山后重工业园区。在1960年的总体规划中，大约60%的城市土地被规划为工业用地。这体现了第二产业的重要地位：青岛市政府希望通过规划、建设大片工业园区来促进工业扩张，使得工业成为城市发展的引擎。

在20世纪60—70年代，青岛市政府给予了工业园区充足的资金支持，这为城市工业的快速发展与扩展铺平了道路。在台东、四方工业区，原有的工厂逐年持续增加着新的生产线和新的车间。例如，德国企业家在20世纪初期建立的机车厂和日本人在20世纪20年代建立的纺织厂，都在这一时期予以了扩建。北部的另外三个工业园区则在这一时期新建了橡胶、印刷厂和炼钢厂等重型污染企业。在20世纪60—70年代，青岛的工业区也见证了交通路网的升级。这一时期修建了多条城市主干道，其中包括青岛最早的四车道公路——四方区四流南路。到了20世纪80年代，青岛的工业区继续快速发展，更多的工厂、公路和住宅区陆续修建竣工。

值得一提的是这一时期特殊的城市建筑形式——筒子楼所发挥的社会功能与治理功能。从20世纪50—80年代，随着青岛工业的发展和人口的激增，大量的筒子楼作为工人宿舍被建在城市周围，筒子楼也是这一时期青岛和其他工业城市的标志性建筑。这些建筑通常有4—5层，包含标准单间、共享厨房和公共卫生间（见图4—3）。虽然青岛已经逐渐消除了私有制，阶级冲突和剥削问题已然不再是主要的城市问题,然而新的城市社会矛盾逐渐浮现,即以工业生产为主导的"节俭城市"所面临的一系列问题:生产和再生产过程之间的张力以及公私领域之间的矛盾。而筒子楼则成为这些矛盾被集中治理和有效化解的空间场域。

资料来源:作者拍摄

图 4—3 青岛的筒子楼

首先,筒子楼是一个同质化的空间,这为工厂单位的集中监管提供了便利。作为工厂工人的宿舍,每栋筒子楼通常容纳来自同一工厂的工人。为了保证工作效率,工人的日常生活都受到严格的、统一的时间安排,这也使得工作场所和私人生活之间的界限变得极为模糊。一位退休的纺织工人对这种集体生活进行了回忆:

那个时候(20世纪60年代)的宿舍生活就是一天三遍铃……第一次是早上,告诉大家起床,家庭主妇准备早餐;第二次是督促出门上班;第三次是在晚上10点半,让大家赶紧洗漱睡

觉，因为马上就要断电了。打铃也好也不好，虽然不自由，但是也保证了大家按时作息，第二天保持充沛的精力好好上班。（访谈）

对于国家的凝视来说，筒子楼是一个高度可见的、透明的空间。筒子楼中的家庭生活和个人生活并没有隐私可言。虽然每家会有各自独立的房间，但由于墙壁隔音极差，以及在走廊中共享的厨房和卫生间，小道消息和流言在邻里之间迅速传播，家庭私密变得愈发可视。对此，一位曾经住在筒子楼中的居民评价道：

住在筒子楼里意味着你的个人生活没有秘密，你晚上放个屁，第二天每个邻居都会知道，最终工厂也会知道。（访谈）

青岛的筒子楼就像一个全景空间，每个人都受到单位的凝视。然而，这种凝视虽然侵入了个人生活和隐私，但它也是全能国家得以充分发挥职能的前提条件。例如，如果单位观察到有任何会影响生产效率的事情发生，将会及时有效地介入——这些事情可能包括照顾家中生病的老人，或者有可能导致工作情绪低落的夫妻间吵架。遇到这些情况，单位都会派出代表来协调解决，从而确保工人良好的工作状态。在青岛的筒子楼中，单位扮演福柯所说的那种父母、慈善家和"牧羊人"的角色。这一方面极大地提高了工人的幸福感，另一方面也极大地减少日常生活对生产的影响。

在计划经济时期，城市物质环境的欠发达、劳动民众生活娱乐方式匮乏，以及工人阶级低劣的住房条件是青岛所面临的主要城市治理危机。为了应对这些问题，青岛政府开始了一系列宣传运动，来美化筒子楼所代表的集体式、节俭的城市生活方式。青岛首座筒子楼被命名为"幸福楼",其中的日常生活通过当地报纸在全市被广为宣传。在报纸的宣传文中称,走廊中的公共厨房和卫生间被宣传为有助于在邻里之间"培养感情",这是一种社会主义特有的、基于日常公共空间的亲密关系,有助于巩固工人阶级之间的"兄弟姐妹"关系。这座筒子楼的名字也十分具有象征意义——"幸福楼"——宣告着工人家庭在这种住房中将会享受幸福生活。一位曾经住在这栋楼里的工人回忆道,当时的政府宣传十分有效,青岛市民都开始向往住进筒子楼:

> 人们开始有点盲目崇拜筒子楼的生活了,因为政府宣传得很好,所以大家都觉得,住进筒子楼里是一种时尚,特别值得期待和骄傲。(访谈)

筒子楼却也代表着一个生产与再生产男权统治的场所。在每个筒子楼中,几乎都有一个社区自学小组,这个小组通常由单位代表和部分社区积极分子所组成。该小组的主要任务之一是教育妇女,使得她们符合工业化社会和传统劳动分工对女性所提出的角色要求:成为丈夫贤内助与家政内务的主要承担者。据一名机械工厂工人回忆道,他曾经居住的筒子楼中,就有这样一个小组。小组成员会干涉因日常琐事吵架的夫妻,而干涉的方式主要是批评和劝说妻子要体谅丈夫工作的辛苦,要向那些温顺的"模范家庭主妇"看齐。除了温顺的妻子角色,女性居民还被期待着扮演母亲的角色——她们需要承担起生育并抚养子女的职责,并通过这种方式确保工业发展所需的大量劳动力。在20世纪70年代中央政府实施人口控制政策之前,人口再生产被视为女性对家庭的义务与对国家的义务。

青岛的筒子楼形成了所谓的"纪律空间"[1]。它标志着社会主义国家所设计的"新的社会空间安排"。在这一空间中,工人阶级的日常生活过程成为政府凝视与审阅的焦点[2]。由于国家权力的介入,工人的生活方式被持续重塑着,从而确保劳动效率的有序提升。因此,筒子楼可以说是工厂机器的延伸。在这里,被生产出来的不是工业产品,而是一种新型的城市主义、一种工人的主体性,以及"工人阶级的共同体"[3]。

四 新自由主义城市:发展的政策话语与空间矛盾的治理实践

开始于1978年的市场改革不仅推动着城市住房和土地的私有化进程,也重塑着地方治理过程。市场改革改变和重塑了中国城市的发展轨迹,并在一定程度上促使了企业型城市的出现,使得城市竞争理念成为城市政策思考逻辑的内核。自20世纪80年代末起,现代性与竞争性的新自由主义政策话语开始影响青岛的城市规划与决策过程。对于青岛的地方官员和规划师来说,增强城市吸引力、促进城市产业转型、推动城市快速发展与现代化成为最重要的地方议程。在接下来的几十年里,青岛通过城市规划和空间(再)生产过程,来探索并具像化这种城市现代化的内涵与

---

[1] Paul Rabinow, "Governing Morocco: Modernity and Difference", *International Journal of Urban and Regional Research*, Vol. 13, No. 1, 1989; Robert Home, *Of Planting and Planning: the Making of British Colonial Cities*, Routledge, 1996.

[2] David Bray, *Social Space and Governance in Urban China: the Danwei System from Origins to Reform*, Stanford University Press, 2005.

[3] Vladislav Todorov, *Red Square, Black Square: Organon for Revolutionary Imagination*, Suny Press, 1995.

意义①。

1992年，第八个五年计划开始，为青岛带来了雄心勃勃的现代化发展规划。具体来说，这一发展规划寻求重塑青岛的经济结构，将青岛从一个工业城市转型至一个集金融中心、旅游胜地、中心商务区、购物街和高科技工业园于一体的现代化、全球化城市。为了这一目标，青岛需要调整城市功能定位，并要出台一系列支持性政策来吸引人才与投资，从而在日益激烈的全球竞争中抓住发展的机遇。在1992年和1993年举行的一系列政府会议上，这一宏观发展思路得以反复讨论，最终成为青岛市地方政府的共识，并上升为城市公共政策议程。

青岛的城市现代化步伐开始于东部大开发计划。1992年，青岛市政府发布了《关于加快东部地区发展的决定》，正式启动了青岛历史上著名的城市发展旗舰项目：将青岛老城东部大约7783英亩的郊区重新改造为青岛新的商业、娱乐和行政中心。文件也对东部城区的具体规划做了一定的设想，例如，强调东部城区应该成为世界知名公司企业的落脚之处，并在十年内发展为青岛新的经济发展引擎，成为对外展现青岛现代化的窗口。

对于很多中国城市来说，20世纪90年代的转型无疑是极为艰巨而充满挑战的。在经历了几十年的计划经济模式和工业导向的城市发展以后，中国的城市应如何迈出相对封闭保守的制度圈禁，从而加入全球竞争的行列？对此，青岛市政府给出的答案是推出支持性的优惠政策来吸引资本。例如，对3000万元人民币以

---

① Daniel Bell, *the Cultural Contradictions of Capitalism*. Basic Books, 2008; Edward W. Soja, *Postmetropolis Critical Studies of Cities and Regions*, Wiley-Blackwell, 2000; Charles Taylor, "Modern Social Imaginaries", *Public Culture*, Vol. 14, No. 1, 2002; Phil Hubbard, Keith Lilley, "Pacemaking the Modern City: the Urban Politics of Speed and Slowness", *Environment and Planning D*, Vol. 22, No. 2, 2004; Li Zhang, Brumann, Christoph, Chen, Nancyn, Youtien Hsing, Siu, Helenf, Smart, Alan, Tomba, Luigi, Li Zhang, "Contesting Spatial Modernity in Late-Socialist China", *Current Anthropology*, Vol. 47, No. 3, 2006.

上的大规模投资给予减税、免税，或者为开发商提供廉价或免费的土地。1994年，青岛市政府做出了一项极具有开创性的举措：将市政府从老城中心区搬迁至东部新区。一方面，通过出售位于城市中心黄金地段的政府办公大楼，青岛市政府筹措到了一笔用来启动城市发展的资金；另一方面，市政府在东部新区落户也表明了地方开发的决心，为资本投资增加了信心。这种搬迁市政府的发展模式成为我国城市发展的典型，被许多其他城市效仿。青岛本地的一位市级官员对政府搬迁东部的实践意义与象征意义做出了如下评述：

> 市政府通过出售旧办公楼筹集了1.7亿的资金，用来安置东部开发涉及的5万名居民……（政府）搬迁也是为了告诉大家，青岛开发东部的决心……（因为）政府一旦搬过去，东部就必须开发好了才行……与此同时，出售政府大楼也有很重要的象征意义。因为那个时候刚刚改革开放不久，谁也拿不准政策……如果代表着公共权力的政府大楼都可以出售，那么大家就会觉得，就没有什么不能私有化，没有什么比发展更重要，这对在那个时候推动青岛的市场化改革和房地产发展十分重要。（访谈）

青岛东部在接下来的十年中经历了快速的发展与土地开发进程。截止至1998年，青岛东部地区吸引了约123亿人民币的投资，并完成了100多个开发项目。在这里，现代景观迅速崛起，摩天大楼、高级购物中心取代了原有的农田和乡村风貌。国际知名公司和企业纷纷涌入，包括路易威登、古奇和宾利汽车等全球奢侈品牌也开始入驻，使得这里渐渐成为一流的购物场所。在短短几年之内，东部地区形成了繁荣的香港路CBD，汇丰、沃尔玛、现代汽车等众多国际顶级公司都在这里设立了子公司。这里也同时成为青岛著名的旅游胜地,拥有游客如织的五四广场和世界上最长的沿海木制人行道以及管理良好的海水浴场。

东部地区的发展无疑刺激了青岛房地产市场的繁荣。自20世纪90年代中期以来,青岛的内城房价一路飙升,内城土地对于国内外资本来说也越发具有吸引力。资本开发的热情直接推动了青岛内城更新运动的兴起。自1993年以来,青岛市政府公布了改革开放以后首个大规模内城改造规划,计划于2000年之前改造40个内城棚户区,涉及约4.6万户家庭的搬迁安置。此后,青岛市政府于2003年启动了另一项名为"旧房改造计划"的内城发展规划,该规划拟在10年内拆除那些修建于20世纪50—70年代的筒子楼。关于这些内城改造运动的规模,并没有公开的官方数据予以显示。尽管如此,我们从报纸、政府内部会议记录、政府工作报告等各种文件中得到了碎片化的数据,这些数据依旧可以从某些侧面向我们展现青岛市第二轮旧城改造的规模。2003—2007年,市南区的筒子楼改造项目涉及3万多户家庭的拆迁;2007—2012年,市北区共拆除筒子楼31栋,有3.5万户居民被拆迁安置;2008—2010年,四方区约有350栋筒子楼被拆除,涉及1.4万户居民的安置问题;2005—2008年,李沧区有1.6万户家庭经历了拆迁安置。青岛的几次大规模的内城改造重塑了内城的社会、经济和物质结构,使得青岛的内城成为投资、剩余价值和资本积累的新的空间场域。

寻求正当性与建构合理性是城市公共政策的重要内核。在城市更新中,"污名化"则是建构这种政策合法性的有效手段[1]。20世

---

[1] Rachel Weber, "Extracting Value from the City: Neoliberalism and Urban Redevelopment", *Antipode*, Vol. 34, No. 3, 2002; Usha Ramanathan, "Demolition Drive", *Economic and Political Weekly*, 2005; Erving Goffman, *Stigma: Notes on the Management of Spoiled Identity*, Simon and Schuster, 2009.

第四章 城市主义及其转型:青岛社会矛盾及其治理策略的历史演进

纪50年代,美国城市见证了历史上著名的大规模内城拆除运动的兴起。各个美国大城市均以清除城市贫民窟的名义,开展了大规模的内城拆除运动,将穷人、犯罪、无序等城市问题连同建筑物一起夷为平地[1]。在青岛,自20世纪90年代初以来,这种污名化与合理化的进程紧密地嵌合着,为青岛内城更新铺平道路。通过当地的公共媒体(如青岛的地方报纸和电视新闻节目),青岛市政府不遗余力地将内城地区的基础设施匮乏问题、住房条件问题与安全问题展现给公众,使得内城更新成为备受公众认可的"民生工程"。

青岛的城市规划官员也从规划技术的角度来论证内城改造的合法性。青岛市规划局的一位官员指出,拆除重建是青岛这种基础设施不完善、发展滞后的城市所必须经历的阶段。

> 我们参观了伦敦、利物浦、曼哈顿和许多其他现代化的西方大城市。其实这些地方都在历史上经历过大规模拆迁。现在他们实际上是已经完成了这一城市发展的必经阶段,他们的城市建设已经很好了。所以,现在这些城市可能已经开始了新的发展阶段,就是我们讲的综合性的城市更新,比如文化更新,比如水岸更新,比如将废弃的工业区改造成城市文化中心和旅游胜地。和它们比起来的话,青岛可能要落后五六十年吧,因为我们现在刚刚进入城市物质环境改造阶段。我们必须首先考虑拆旧建新,然后我们可能才会考虑城市的文化更新和更加综合性的社会发展问题。(访谈)

正如罗宾森(Jennifer Robinson)所评论的那样,城市等级体

---

[1] Martin Anderson, *The Federal Bulldozer: A Critical Analysis of Urban Renewal*, 1949–1962, M.I.T Press, 1964.

系代表着一种难以逾越的思考逻辑与政策模式[1]。从以上话语中，我们可以看到的是，青岛的城市规划逻辑建立在西方城市的发展轨迹之上。青岛被认为是在城市发展历程中相对落后于西方的，而西方城市发展历史上的"大规模拆除重建"阶段也被认为是无须争议的必经阶段。正是基于这样一种思考模式与自我定位逻辑，青岛的规划者将大规模拆迁和更新过程合理化，认为这是城市必须经历的阶段。

青岛的城市发展与现代化进程伴随着诸多矛盾。其中一对矛盾便是现代化与传统性之间的张力。许多地方官员和规划专家纷纷追求着重建一个具有现代化景观的青岛。同时，在他们看来，现代化城市景观的主要特征就是宽敞的街道，摩天大楼以及城市秩序。其中，摩天大楼的建设是一项具有内在价值含义的城市行为，这一行为蕴涵着主导性的文化价值、经济理性的思考和政治利益的博弈。正如卡斯特尔所指出的那样，摩天大楼不仅仅是大型国际公司总部的空间场所以及神经中枢，也不仅仅体现着商品化的城市空间中的房地产开发行为，它也是资本、科技和自信在城市空间中的表达，可以称之为企业资本主义时期的信仰所在[2]。在这种现代性与摩天大楼狂热的身后，也有许多保护主义者的反对声音。青岛许多本地的建筑师和学者希望保护青岛的传统景观和历史建筑，尤其是德国殖民时期的建筑与街道风貌，并认为其是城市的珍贵宝藏和全球化背景之下城市的独特性与美感所在。

最终，我们看到的是现代化的狂热与崇拜重塑了青岛的城市发

---

[1] Jennifer Robinson, "Developing Ordinary Cities: City Visioning Processes in Durban and Johannesburg", *Environment and Planning A*, Vol. 40, No. 1, 2008.

[2] Manuel Castells, "Crisis, Planning, and the Quality of Life: Managing the New Historical Relationships Between Space and Society", *Environment and Planning D: Society and Space*, Vol. 1, No. 1, 1983; Anthony King, *Spaces of Global Cultures: Architecture, Urbanism, Identity*, Routledge, 2004.

第四章　城市主义及其转型：青岛社会矛盾及其治理策略的历史演进

展议程。自20世纪90年代初以来，高层建筑与现代化的办公大楼拔地而起，取代了低层建筑和传统的城市街区风貌。尤其在新开发的东部地区，这里汇集了大量的摩天大楼。其中包括90年代著名的、高237米的中国铁路青岛中心大厦。大规模内城重建运动不仅仅拆除了老街区和城市传统景观，也重构了寄托在住宅楼宇之内的社交网络和生活方式——在筒子楼被推倒的同时，计划经济时期的集体生活与城市主义也随着其物理空间的消亡而消失不见。青岛的发展和现代化进程也向我们揭示了，在全球化时代，全球资本是如何通过城市化进程，来发挥新殖民主义的力量，实现当地传统和多元文化的扁平化[①]。中山路的发展议程恰恰体现了这种扁平化的进程。在这里，保护性开发包裹着商业目的。2000年左右，青岛市政府将中山路上的许多德式建筑列为市级文化遗产和保护建筑，而这些建筑随后被翻新改造为博物馆、餐厅或俱乐部，并向游客开放。作为青岛的城市名片，中山路为吸引游客、打造青岛文化旅游城市的地位发挥着关键作用（见图4—4）。

除了传统性与现代性的争议，伴随着青岛城市发展的另一个主要矛盾则是市民的"相对剥夺感"。自20世纪90年代初开始，青

[①] Harald Leisch, "Gated Communities in Indonesia", *Cities*, Vol. 19, No. 5, 2002; David Harvey, *A Brief History of Neoliberalism*, Oxford University Press, 2005; Jennifer Robinson, *Ordinary Cities: Between Modernity and Development*, Routledge, 2013; Jennifer Robinson, "Cities in A World of Cities: the Comparative Gesture", *International Journal of Urban and Regional Research*, Vol. 35, No. 1, 2011; Shenjing He, Fulong Wu, "Socio-Spatial Impacts of Property-Led Redevelopment on China's Urban Neighbourhoods", *Cities*, Vol. 24, No. 3, 2007; Choon-Piew Pow, Lily Kong, "Marketing the Chinese Dream Home: Gated Communities and Representations of the Good Life in (Post-) Socialist Shanghai", *Urban Geography*, Vol. 28, No. 2, 2007; Samuel Y. Liang, "Amnesiac Monument, Nostalgic Fashion: Shanghai's New Heaven and Earth", *Wasafiri*, Vol. 23, No. 3, 2008; Non Arkaraprasertkul, "Towards Modern Urban Housing: Redefining Shanghai's Li Long", *Journal of Urbanism*, Vol. 2, No. 1, 2009; Choon-Piew Pow, "Neoliberalism and the Aestheticization of New Middle - Class Landscapes", *Antipode*, Vol. 41, No. 2, 2009; Rana Tawfiq Almatarneh, Yasser Mohamed Mansour, "the Role of Advertisements in the Marketing of Gated Communities As A New Western Suburban Lifestyle: A Case Study of the Greater Cairo Region, Egypt", *Journal of Housing and the Built Environment*, Vol. 28, No. 3, 2013.

资料来源：作者拍摄

图 4—4　青岛市中山路

岛市实行了政府主导的补偿标准政策，对最低拆迁补偿给予了规定。然而，这一政策却极具行政色彩和 GDP 导向，它确保了级差地租并有效地起到了吸引资本的作用。1995—2005 年期间，青岛市房屋价格飞速上涨，然而政府给出的最低补偿标准并未有显著变化。在 2005 年，拆迁补偿标准依旧与 1995 年持平，为 4000 元每平方米。而此时的房价则达到了 1 万元每平方米，这几乎是 1995 年的 5 倍。因此，在 2000 年以后，经济剥夺和城市中心区位中产阶层化成为青岛城市发展当中最核心的争议之一。

　　围绕着这一争议而引发的社会矛盾与冲突伴随着青岛的城市发展进程。自 20 世纪 90 年代以来，围绕着补偿标准与城市空间权力等问题，青岛市出现了一系列市民争议行动。这些争议行动以拖延策略为主要形式——即通过物理性占据和时间拖延，来和强大的资本与行政力量博弈。为了推动城市更新的进程，青岛市政府也采用了与其他城市相似的行政性强制方式来规范争议行动①。然而，这种粗放式的强制方式加剧了矛盾，使得可持续性的城市治理面临着愈发艰巨的挑战。

从20世纪90年代初到2010年，青岛的城市议程表现为强烈的发展导向。在这20年期间，GDP与快速发展是青岛市城市公共政策的基本逻辑。对此，一位青岛市规划部门的官员做出了如下评论：

> 在90年代，发展是压倒一切的。那时候的想法是，只要能发展，可以牺牲一些东西……同样的，那时候也流行这样一种想法，就是加快城市发展，推动城市现代化进程，也是实现公共利益的一种重要方式……因为只要城市建设搞好了，那么每个个人的生活环境就会更好，个人就会享受更好的生活条件。还有一个原因可能就是，我们和国外不一样，政府还是要对一切负责，也有能力这么做，所以那个时候自然而然地，就比较容易出现强拆的现象。（访谈）

这一评论不仅仅体现了贯穿整个20世纪90年代的那种强烈的城市发展理性，它也揭示了政府如何通过"城市公共利益"来合理化强制拆迁的一系列政策话语体系。与此同时，在我国城市发展理性与强拆行动的背后，是一个"全能型政府"的思考惯性。正如这位官员所说的那样，推动城市快速发展以及实现基于城市发展之上的公共利益，是建立在大政府小社会这一模式之上的。对于地方政府官员来说，强制拆迁与快速发展意味着政府的

---

① 在东部地区的市政府大楼开发项目中，青岛市动用了强制方式来实现快速拆迁，在1个月之内成功拆除了一家工厂、一家苗圃以及约30户家庭。2010年，青岛居民王国栋通过个人博客发布了作为钉子户的经历与日常遭遇，描述了与暴徒的冲突、与官员的沟通以及一系列不公正待遇。其博客引发了广泛的社会关注，使得王国栋的拖延策略成为青岛最著名的抗争行为之一。

权力与责任。

随着社会的发展以及治理理性的转型,这些关于政府角色和政府社会关系的假设已经发生了根本性的改变。以人为本的城市发展模式、和谐可持续的发展路径,参与式的城市治理对城市的公共政策逻辑与实践产生了影响。在这一背景下,青岛市政府也开始探索新的治理方式,来回应越发激烈的城市社会矛盾。而这种新的治理方式则突出体现为基层治理与自治理念。

五　本章小结:地方城市主义与治理挑战

本章梳理了青岛市的城市发展历史与城市主义变迁,并讨论了伴随着城市发展进程而出现的城市社会争议及其治理方式的转型。我们将城市争议及其治理作为观察与剖析青岛城市主义转型的主线,讨论了从20世纪初期的殖民主义时期到2010年以后的新自由主义期间,城市空间矛盾形态的变化与政府治理理性的转型。在本章的最后一部分,我们分析了自20世纪90年代初以来,伴随着城市现代化进程和大规模城市拆迁运动所出现的城市空间争议。这些城市空间争议为青岛市的城市治理提出了新的挑战。

在2012年,青岛市政府提出了新的城市更新5年规划:在五年内拆除内城所有的危旧楼,搬迁约5万户居民。在这一轮的内城改造中,青岛市地方政府尝试了新的治理举措:增强社区居委会的治理作用,探索如何通过社区自治来化解城市发展当中的社会矛盾。在接下来的章节中,我们将以NS社区居委会为案例,分析讨论这种新的治理技术的运行逻辑与实践方式。

第 五 章

旧城改造中的"社区实验"：
远程治理的艺术

在上一章中，我们描绘了青岛自 20 世纪以来的城市规划与城市发展历史，并讲述了伴随着这一过程而出现的城市主义的历史变迁与城市矛盾形式的演进历程。在不同的历史时期，青岛城市社会矛盾表现为不同的形式，而它们也是深植于当下的社会、经济和政治背景之中的。自 20 世纪 90 年代以来，伴随着市场化改革和房地产主导的城市发展进程，青岛市的城市主义突出表现为围绕着拆迁和中产阶层化而出现的城市社会抗争行为。面对这一新的治理挑战，青岛市进行了一系列改革尝试。其中最重要的措施则是将居委会作为基层平台，使得居委会成为治理社会矛盾的政策实验场域。在讨论居委会的具体"治理角色"和"治理行为"之前，我们在这章中将先探讨居委会得以发挥这种治理作用的前提——即政府如何重塑、监管与治理居委会，从而使得后者按照既定议程发挥作用。

NS 社区居委会在 2000 年组建，其辖区内有约 20000 名居民。2000 年以后，NS 社区居委会不仅仅承担了社区安全、计划生育、社区养老、基本公共服务等越来越多的政府职能，也在 2012 年成为了治理旧城改造的平台与政策实验场域。一种新的政策想象在 NS 社区得以展开尝试——居委会应该在动员居民、化解社会矛盾与加速城市发展进程中起到积极作用。NS 社区居委会的案例再一次印证了已有研究的观点：居委会承担了越发分散的政府职能，将越发流动而多元的城市人口纳入到城市治理体系中来[①]。

作为国家之外的治理场域，居委会的治理能力由政府塑造。在 NS 社区居委会的案例中，我们发现了一系列核心的治理技术，包括绩效考核、薪酬激励、竞争性资金和人事控制等。正是通过这一系列治理技术，自上而下的政策议程得以贯彻实施，位于中央的权力得以在治理末梢得以实现和重组。在本章中，我们将以青岛市 NS 社区居委会为例，来讨论政府对于居委会的这种"远程治理"过程。这既是对居委会行动逻辑的探索，也是对地方政府与居委会内在权力关系的一种解读。

本章的讨论将分为五个部分展开。第一部分对社区治理进行了理论建构。我们一方面讨论了社区治理作为"新自由主义治理术"的理论内涵，也同时对中西方的社区治理实践进行了对比，解读了中国背景下的社区治理政策及其与中国城市社会转型之间的内在联系。第二部分讨论了青岛 NS 社区居委会的日常工作职责，并重点解读了其作为城市政策试验田的角色。在 2012 年，NS 社区居委会进一步成为新的政策想象的实验场域——参与治理城市更新过程中所出现的社会矛盾。在第三部分，我们讨论了政府针对 NS 社区居委会的一系列远程治理技术并剖析其对于居委会人员行为与思考逻辑的重塑作用。第四部分总结了本章的观点与结论，并进一步讨论

[①] Bong-Ho Mok, "Grassroots Organising in China: the Residents' Committee As A Linking Mechnism Between the Bureaucracy and the Community", *Community Development Journal*, Vol. 23, No. 3, 1988; Benjamin L. Read, "Revitalizing the State's Urban 'Nerve Tips'", *The China Quarterly*, Vol. 163, 2000; David Bray, "Building 'Community': New Strategies of Governance in Urban China", *Economy and Society*, Vol. 35, No. 4, 2006; David Bray, "Designing to Govern: Space and Power in Two Wuhan Communities", *Built Environment*, Vol. 34, No. 4, 2008; Gary Sigley, "Chinese Governmentalities: Government, Governance and the Socialist Market Economy", *Economy and Society*, Vol. 35, No. 4, 2006; Leslie Shieh, John Friedmann, "Restructuring Urban Governance: Community Construction in Contemporary China", *City*, Vol. 12, No. 2, 2008.

了居委会在我国城市治理当中的角色及其所体现的国家—社会关系的重构过程。

一 现代国家治理技术:我国社会转型与社区实验

在许多西方发达资本主义国家中,社区正在成为新自由主义治理术开展的平台与手段。在这些地方,社区被再次发现,并被重塑为开展一系列政治行动的平台,成为政府用以应对社会问题、达成治理目标的技术手段。对此,罗斯(Nikolas Rosl)评论道,在发达的资本主义社会中,"社区是一个常态性的政治场域"[1]。例如,在英国,基于政治身份认同、个人兴趣、地理位置等要素而形成了多种多样的社区,它们越来越多地被纳入政府的公共政策当中。这种"国家对社区的发现"在本质上是一种自由主义政府治理术,罗斯将其称作"凭借社区的治理"或"通过社区开展的治理"[2]。

这种"凭借社区的治理"的内核则是一种对于社区的新的政治想象:社区作为与公共部门和私人部门并存的第三部门,具有一系列对开展治理极为有效的珍贵资源。应运而生的则是有关社区的政策话语:在公共政策当中,社区越发被看作是增强社会民主与参与、提升社会凝聚力、创造机会与包容性的有效手段。尤其值得关注的是,在西方国家中,社区建设越发成为一种实现"道德政治"

---

[1] Nikolas Rose, *Powers of Freedom: Reframing Political Thought*, Cambridge University Press, 1999.

[2] Nikolas Rose, *Powers of Freedom: Reframing Political Thought*, Cambridge University Press, 1999. Anthony Giddens, *The Third Way: the Renewal of Social Democracy*, Cambridge, Polity Press, 1998; Ruth Levitas, "Community, Utopia and New Labour", *Local Economy*, Vol. 15, 2000; Ash Amin, "Local Community on Trial", *Economy and Society*, Vol. 34, No. 4, 2005; Gary Craig, " Community Capacity-Building: Something Old, Something New...?", *Critical Social Policy*, Vol. 27, No. 3, 2007.

的途径：社区可以培育责任感和志愿服务精神，从而实现有效的自下而上的治理过程。

"凭借社区的治理"体现出了一种（新）自由主义理性。政府职能重构进程的核心特征即塑造社区伙伴关系并减少政府干预。然而这种"小政府"的塑造并不仅仅是职能缩减，它体现了新自由主义背景下的国家外卷化——国家需要在规制社会领域的过程中发挥更加积极的作用，同时这种国家规制应是"更加强大的、有利的和前摄性的元治理"[1]。正是通过社区这一治理平台，"政府干预与新自由主义进程实现了完美契合"[2]。进一步来说，正是通过社区这一治理平台，"国家的强制性干预得以用软化的修辞进行包装"[3]。同时，伯切尔也评论到，社区的发展进一步巩固了第三部门这一治理场域，使其成为"政府政治技术的实验场所"，也成为"冠以公共利益之名进行治理的有效途径"[4]。在英国，国家对社会的监管与干预正是通过社区来实现的。在这里，社区已经成为"新工党的最突出的形象与代表"[5]，并铺平了所谓的第三条道路——即"位于老工党所提倡的国家福利主义和撒切尔保守党激进的自由市场个人主义之间"的新的政策路径[6]。新工党借助社区参与和社区责任的政策路径，在国内实施了社会治理的美德

---

[1] Jamie Peck, "Neoliberalizing States: Thin Policies/Hard Outcomes", *Progress in Human Geography*, Vol. 25, No. 3, 2001.

[2] Ibid..

[3] Ruth Levitas, "Community, Utopia and New Labour", *Local Economy*, Vol. 15, No. 3, 2000.

[4] Michel Foucault, *the Foucault Effect: Studies in Governmentality*, University of Chicago Press, 1991.

[5] Ruth Levitas, "Community, Utopia and New Labour", *Local Economy*, Vol. 15, No. 3, 2000.

[6] David Bray, "Building 'Community': New Strategies of Governance in Urban China", *Economy and Society*, Vol. 35, NO. 4, 2006.

政治[1]。"国家权威式的治理"与"自由且非道德的市场交易、自治的自由、负有权利的个人主体"是传统的两种国家干预方式[2]，而它们都存在着自身的弊端。而社区则为解决传统监管形式的戈尔迪之结提供了破解之术。

虽然已有大量研究关注社区建设、基层治理和新自由主义进程等问题，但这些研究大多集中于发达资本主义国家，对中国以及其他发展中国家缺乏关注。社区是市场改革后我国政府监管重构和职能转型的关键场域。在中国多种多样的社区类型中，住宅小区是开展政府治理的重要平台。2000年，民政部发布了《关于在全国推进城市社区建设的意见》，在其中给予了住宅社区以明确的地域属性：社区是"聚居在一定地域范围内的人们所组成的社会生活共同体"。此外，该意见中也提出了社区建设这一理念，是"在党和政府的领导下，依靠社区力量，利用社区资源，强化社区功能，解决社区问题，促进社区政治、经济、文化、环境协调和健康发展，不断提高社区成员生活水平和生活质量的过程"。更为重要的是，这份文件在我国社区发展历史上具有里程碑式的意义，它明确地提出了社区建设对于中国社会转型和城市治理的重要性——通过培育一个新的社会机构来代替单位，履行城市公共服务的职能：

> 随着国有企业深化改革、转换经营机制和政府机构改革、转变职能，企业剥离的社会职能和政府转移出来的服务职能，大部分要由城市社区来承接。建立一个独立于企业事业单位之

---

[1] Wendy Larner, David Craig, "After Neoliberalism? Community Activism and Local Partnerships in Aotearoa New Zealand", *Antipode*, Vol. 37, No. 3, 2005.
[2] Nikolas Rose, *Powers of Freedom: Reframing Political Thought.* Cambridge University Press, 1999. Roger Keil, "'Common-Sense' Neoliberalism: Progressive Conservative Urbanism in Toronto, Canada", *Antipode*, Vol. 34, No. 3, 2002; Jamie Peck, Adam Tickell, "Neoliberalizing Space", *Antipode*, Vol. 34, No. 3, 2002; Wendy Larner, David Craig, "After Neoliberalism? Community Activism and Local Partnerships in Aotearoa New Zealand", *Antipode*, Vol. 37, No. 3, 2005.

外的社会保障体系和社会化服务网络,也需要城市社区发挥作用。

正如上述引文所述,我国城市居住社区被看作是独立于公共部门与私人部门之外的第三部门,并在治理领域发挥积极作用。在我国,社区成为政治行动和政府管理的中介,是一个孕育着特殊的社会资源的独特场域,这些理念与发达资本主义国家对社区的想象十分相似。的确,正如瑞德(Benjamin Read)所评论的那样,改革开放以后,中国城市住宅社区开始在萎缩的单位制所留下的真空中发挥重要作用,填补着国家"撤退"之后留下的治理空白。在城市公共政策领域,住宅社区的角色和功能则被定义为:"培育社会资本、社区资源、动员并培养活跃且富有公民精神的居民来参与城市事务治理、共建美好家园。"[1]

2009年,民政部发布了《关于进一步推进和谐社区建设工作的意见》。提出城市住宅社区被看作"各种利益关系的交会点与各种社会矛盾的集聚点",也因此成为应对城市社会问题、落实城市管理的支撑点。该文件进一步指出,我国城市住宅社区应在以下社会领域发挥其核心作用:"社会治安与管理……对吸毒人员、刑释解教人员以及流浪儿童、服刑人员的未成年子女、农村留守儿童的管理、监督和教育……社区养老……社区教育……帮助失业者和残疾人"等。从中我们可以看到一系列自上而下推动的、关于城市社区的政策设想。在城市治理中,社区建设被看作是重塑国家与公民关系的有效路径。具体来说,该文件明确表达了这样一个治理理念:国家应该逐渐从社会领域中退出,并将更多的政府职责转移给社区。而政府的主要责任不再是干预而是培育社区的治理能力。

---

[1] Benjamin L. Read, "Revitalizing the State's Urban 'Nerve Tips'", *The China Quarterly*, Vol. 163, 2000.

第五章 旧城改造中的"社区实验":远程治理的艺术

除了对社区的政策设想,这份意见中也隐含着一系列对于城市居民的期待。文件中指出,"做好和谐社区建设工作……(我们应该)激发广大人民群众参与社会建设的积极性、主动性与创造性,为经济社会发展创造更加良好的社会环境"。同时,文件也倡导培育居民的志愿服务精神,并引导树立"我为人人,人人为我"的公民认知。城市居民不再被看作是被动的治理对象,而应是发挥积极作用的参与者,可以在解决城市问题中发挥自下而上的推动作用。培育积极的新公民意识以及志愿性的城市管理机制被看作是提升社会凝聚力、增加居民归属感和加强社会稳定性的重要途径。在中国情境下,社区功能的政策设定具有自身的独特性,包含了一系列中国特色的阐释。虽然我国的社区建设思路与西方社会呈现出许多不同的特征,但是在不同的政策实践背后,蕴含着极为相似的治理理念。这一治理理念即罗斯所提及的"自治性与责任化的双重运动"[1]。进一步来说,这种治理理性强调基层自治的重要性,并将参与视为居民的责任。这种"美德政治"贯穿了中西方的社区治理实践。

我国的社区建设与西方最本质的区别则在于制度化的设计。对此,布雷(David Bray)评论道,在中国,"社区这个概念是制度化的",是一个国家主导的政策过程[2]。在具体实践中,这种国家主导的制度性构建集中体现在居民委员会所发挥的功能与角色。居民委员会最初成立于20世纪50年代,其职能随着社会结构的转型与治理议程的改革而不断调整变化着。在社会主义计划经济体制下,城市居委会作为单位制的辅助与补充而在边缘地带发挥着治理功能。自20世纪80年代以来,居委会被赋予了越来越多的公共服务职

---

[1] Nikolas Rose, *Powers of Freedom: Reframing Political Thought*, Cambridge University Press, 1999.

[2] David Bray, "Building 'Community': New Strategies of Governance in Urban China", *Economy and Society*, Vol. 35, No. 4, 2006.

能：在社区内向老年人和残疾人发放养恤金、为失业者提供就业培训；向社区居民宣传、解释并落实例如计划生育等一系列国家政策；组织社区文化活动，以此来培养居民的归属感，增强社区凝聚力。此外，根据民政部2000年所颁布的《关于进一步推进和谐社区建设工作的意见》的要求，在社区治理中，居委会也应发挥协调社会组织的作用。具体来说，居委会应协调地方政府部门、地方企业，以及包括业主委员会、社区志愿组织在内的各类社区组织和非政府组织，从而动员广泛的社会力量支持，凝聚社区建设中的协同与合作。

对应着其职责的变化，我国城市居委会的组织结构也在不断地改革调整。在20世纪50年代成立之初，居委会通常包括7—17名成员，下辖600户左右的家庭，其主要职责是监管那些未被纳入工作单位体系的城市居民。自20世纪90年代开始，城市居委会历经几次改革，不断地扩大职能同时缩减人员。目前，我国城市居委会通常由5—7名成员组成，其辖区包含700—1400户家庭。

截止至2010年，我国的城市居委会数量大约为8万个。这些居委会的空间边界通常是城市中的街道，其辖区界定具有明确的地理属性与行政划分属性。城市居委会的辖区空间将我国的城市空间重新划分为一个又一个的"连续（住宅）社区矩阵"[1]，同时也将城市社会再造为无缝链接的治理单元。在下一节中，我们关注具体的案例——青岛NS社区居委会。我们将对NS社区居委会的治理角色、日常权责进行观察，并尤其关注其在监管社会矛盾中所被赋予的职责。

---

[1] David Bray, "Designing to Govern: Space and Power in Two Wuhan Communities", *Built Environment*, Vol. 34, No. 4, 2008.

二　NS 社区居委会:"小巷总理"的日常与权责

(一) NS 社区居委会的日常轨迹：职能承接与社区治理

2001 年，民政部发布了《全国城市社区建设示范活动指导纲要》，提出建设全国示范社区的思路。这些示范社区将起到政策实验田的作用，在全国社区治理改革与创新中发挥先锋带头与示范效应：

> 各示范单位在工作中要坚持解放思想，转变观念，以改革创新的精神，大胆探索和实践……通过开展示范活动，进一步转变政府职能……健全社区组织……改进社区的管理和服务……推广示范单位（在社区建设和治理方面）的经验，充分发挥典型示范的引导、带动和辐射（其他地方社区的建设与发展）作用。

根据文件精神，民政部建立了第一批全国示范社区。在 80 个入围的城市社区居委会中，也包括我们的案例——青岛 NS 社区居委会。NS 社区居委会成立于 2000 年，它的前身是 4 个建立于 20 世纪 50 年代的小型居委会，经由改革合并之后成为 NS 社区居委会。目前，NS 社区居委会由 8 名成员构成，其中包括 1 名主任，2 名副主任和其他 5 名委员。NS 社区居委会所辖居民区占地 1.3 平方千米，包括约 2 万名居民和 50 栋房屋。

NS 社区居委会的日常工作主要包括两个部分。其一，是承接一系列下放的政府职能。NS 社区居委会主任将其总结为以下几点：

> 计划生育、卫生、教育、地方治安、冲突调解、妇女权

利、福利服务、地方发展……当然还有一个极其重要的就是党员的政治动员。（访谈）

随着青岛市政府职能转型与社会治理进程的深化改革，越来越多的政府职能下放转交给基层，居委会也因此承担着越发繁重的服务与行政职责。当谈及居委会在社区治理方面的职能时，NS 社区居委会的一名工作人员指出：

我们（居委会）就像一个大箩筐……上级（政府）把他们不能做，做不好，或不想做的事儿一股脑都扔给了我们。（访谈）

这一观点得到了居委会其他成员的一致认同。的确，在政府权力下放的过程中，基层与社区层面承担了越发繁重的治理责任，却难以获得相应的权力与资源，这让社区治理变得捉襟见肘。在青岛，越来越多的政府职能在过去五年中被下放给社区居委会，其中包括防火、检查无证摊贩、监管违章建筑等传统性的、执法类的公共职能。对此，NS 社区居委会主任评论道，这反映了政府"去责任化"的政策改革逻辑：

虽然政府通过向下转交事务的方式达到了瘦身的目的，但我认为居委会目前已不堪重负……举个例子，在社会福利方面，我们通常只面向失业者和贫困户，每个月给他们发放津贴。而大约 5 年前，政府要求居委会要同时承担起社区内残疾人的社会福利服务，这原本是残联的职责……更荒唐的是，政府希望居委会对内吸引投资。这绝对是政府的职责，而不是我们这样的非政府组织该干的事。（访谈）

第五章 旧城改造中的"社区实验":远程治理的艺术

其二,除了承接下放的政府职能以外,NS社区居委会还需处理行政性的文书工作,"(作为)盖章流水线"(NS社区居委会成员,访谈)。近年来,随着简政放权的改革进程,居委会逐渐从"开证明"这项工作任务当中解放出来。然而,在我们的研究进行之时,开具证明和盖章工作依旧是NS社区居委会的主要工作内容之一。NS社区居委会每天需要开具大量的、涵盖面极为广泛的证明类文件——例如,居民身份证明、家庭收入证明、家庭关系证明、(无)犯罪证明、家庭住址证明、结婚证明等。也正是通过开具证明这种琐碎的日常工作,NS社区居委会被纳入到公共行政与治理过程当中,并发挥着极为重要的作用——罗斯将其称之为分类化的政府凝视与监管[①]。NS社区居委会主任也回应了这一观点,她指出,在开证明"证明居民身份"时,实际上是一个了解本地居民身份信息并对其进行辨识的过程:

> 像开证明这种事情,(政府)必须通过居委会来做,因为我们最熟悉居民的情况,了解他们的生活,知道他们是谁……其实开证明这件事儿也有意义,我们帮着(政府)确定谁是谁,比如哪些家庭是低收入家庭,哪些是残疾人,谁遵纪守法,谁有犯罪前科,单身的有多少,结婚的有多少,计划生育落实的怎么样……其实就是分个类……很多时候政府决策的时候就要依靠这些基本信息,虽然是小事儿,但是也缺不了。(访谈)

总的来说,NS社区居委会一方面承接了广泛的政府职能,在

[①] Nikolas Rose, *Powers of Freedom: Reframing Political Thought*, Cambridge University Press, 1999; Anthony Giddens, *The Third Way: the Renewal of Social Democracy*, Cambridge, Polity Press, 1998.

地方治理中发挥着重要的作用;另一方面则耗费着巨大的精力来履行"开证明"这一行政事务。因此,NS社区居委会在日常行政中发挥着重要的平台作用。对此,居委会主任评论道,"每一项政府政策都必须经由居委会才能实施"(访谈)。而正是基于居委会的地位重要性、工作繁忙性以及部分官僚特征,他们自称为城市治理中的"小巷总理"。

(二) 治理社会矛盾:城市政策实验田的现实运作

NS社区居委会之所以被列为全国示范社区,主要是由于它是老旧的低收入社区的典型代表。在NS社区中,有近三分之一的居民是国有工厂的下岗职工,而其余三分之二的居民则主要是以农村转移人口为主的流动性低收入群体。正如NS社区居委会所评论的那样,社区人口结构"基本上是老年人、低教育群体和低收入工人"(访谈)。由于这一特点,NS社区成为治理低收入社区和向城市弱势群体提供公共服务的"政策实验田"。

作为政府公共政策的实验场域,NS社区居委会除了履行一系列日常工作职责的同时,还需要花费大量精力和时间来设计并实践有关社区治理的新方法与新举措。首先,作为民政部确定的"示范单位",NS社区居委会必须实践民政部关于社区建设的一系列理念,作为国家层面的政策观察窗口。例如,发展志愿服务是民政部近年来在社区建设中的一个重要议程,因此NS社区居委会也成为社区践行这一政策的先锋者。在2009年,NS社区居委会成功地招募了约20名社区居民,成立了青岛市第一个社区巡逻队。其主要职能包括维护社区卫生、监管墙面涂鸦和非法广告张贴。随后,在2010年,NS社区居委会开设了社区便民食堂,为社区内无人照料的儿童和老人提供廉价午餐。食堂为社区失业居民提供了约10个工作岗位,并招募了20多名社区居民志愿者进行服务。在同年,4

位退休的初中教师在社区内开办了暑期培训课程，为社区里的儿童和青少年提供免费的象棋、文学和书法课程。2012年，民政部委派的专家小组考察了NS社区的发展情况，对其有关社区志愿服务的实践思路和实施方案做出了积极评价，并随后将其经验在全国范围内推广。

除了回应民政部的政策号召，NS社区也需要回应地方政府的一系列政策设想与改革思路。例如，在2007年，为了响应中央政府关于加强社会凝聚力的号召，青岛市政府要求NS社区居委会和青岛其他四个居委会率先尝试新的政策思路，来增加社区居民的归属感和邻里友谊。为此，NS社区居委会举办了"社区邻里节"，为居民提供彼此交往的契机。这一思路得到了市政府的赞许，并在全市范围内得到推广，很快成为青岛市社区治理中的代表性活动。

青岛市政府于2012年开始，在全市范围内展开了新的一轮旧城改造计划，并在此过程中遇到了新的挑战。一方面，旧城改造计划雄心勃勃，其目标是在未来5年内拆除170万平方米的住宅，并对5万户家庭进行重新安置。而另一方面，市政府却面临着中央政府发布的关于土地征收的强拆禁令（见第二章）。为了完成城市发展目标，青岛市政府必须探索新的治理举措，在避免激烈社会冲突的同时，实现吸引投资和快速发展的政策目标。

面对这一治理挑战，青岛市政府将目光投向了居委会。2012年，时任市长组织召开了一系列政府工作会议，讨论落实旧城改造项目的实施方案。参会单位包括市国土资源、城市规划和房管部门，也包括最基层的街道办。在这些会议上，形成了有关内城改造与城市治理的改革议程：重塑社区的核心作用。具体来说，居委会被赋予了双重使命：推动拆迁项目的快速开展，同时有效监管并化解社区居民的对立情绪和行为。在这一思路背后，则是对于社区功能的政策想象。对此，一位青岛市官员进一步评论道：

老百姓对居委会是最熟悉的，他们更相信居委会的人，所以居委会在宣传相关政策时就有非常大的优势……（同时）居委会也掌握社区情况，也善于和老百姓打交道……一般来说，居委会能够更好地调动社区资源，擅长活用一些人际关系来解决难题……相比之下，政府可能并不擅长这些……政府的责任应该是规划和决策……与居民打交道的问题应该交给居委会来做……现在是改变"大政府"思维的时候了。（访谈）

这段评论体现了青岛市官员对于社区角色的认知——社区被看作是拥有宝贵资源的第三部门，可以发挥治理平台的作用。此外，上述话语也反映了对于政府职能转型的认知——政府不应扮演全能的角色，而是应该关注政策制定与监管，将执行功能下放。而这种对政府和公民社会之间关系的观念重构集中体现在对于居委会治理角色的定义与想象中。

面对这一新的治理理念，NS 社区居委会再次成为政策实验田。NS 社区居委会所辖的 NS 社区成为新一轮旧城改造计划中率先启动拆迁的小区。政府对 NS 社区居委会有着一系列期待，这种期待主要围绕着放权、基层自治、居民参与等方面。社区参与是否能够更好地减少社会矛盾与冲突，润滑城市拆迁的进程？NS 社区居委会的治理实践将会对此进行验证。

在政策实验过程中，青岛市政府面临的一个关键问题则是如何确保有效的监督以及如何重构权力的运作方式。从更加具体的角度来说，治理创新中所面临的一个主要问题是，如何在调动居委会工作人员的自主性和积极性的同时，确保他们按照政府的设想和议程来行动。这也即青岛市官员反复强调的如何让居委会成为政府的左膀右臂的问题。在以下的讨论中，我们将会关注政府对于居委会的"远程"治理技术，并探讨这些治理措施是如何重塑政府权力与政府规制的。

三 "远程治理":政府监管的外卷化与自上而下的权力运作技巧

在前几节中,我们讨论了第三部门如何作为国家治理内在的一部分而出现,并审视了青岛的治理重塑过程以及居委会在其中所扮演的角色。这意味着一场更加深刻的国家社会关系的转型以及国家权力制度的重组。随着新自由主义的核心策略——社区赋权与社区赋责的发展,大量的非政府组织涌现,它们与私有部门共同承接了许多传统意义上的政府职能。国家的角色已然被重构:国家不再扮演着"全知全能、统一规划与主导一切"的角色,也不再试图全面回应"社会对于秩序、安全、医疗与生产"等方方面面的需求;相反地,现如今的国家更多的是一个"善于赋能的国家,善于赋权的国家及作为助推者的国家"[1],它所寻求的是对于"商业企业、信托机构、志愿组织、基础医疗"等复杂多样的机构的远程协调与监管[2]。因此,国家的外卷化突出体现为其在组织、协调与监管社会公共服务与供给方面所发挥的核心作用[3]。在评论国家职能的变化以及国家与公民社会之间的关系时,德赛(Vandana Desai)和伊姆里(Rob Imrie)指出,地方政府正在"走向地方治理模式,其特

---

[1] Nikolas Rose, *Powers of Freedom*: *Reframing Political Thought*, Cambridge University Press, 1999.

[2] John Clarke, Janet Newman, *The Managerial State*: *Power, Politics and Ideology in the Remaking of Social Welfare*, Sage, 1997.

[3] Bob Jessop, "Post - Fordism and the State", in *Comparative Welfare Systems*, Palgrave Macmillan, 1996; Vandana Desai, Rob Imrie, "the New Managerialism in Local Governance: North-South Dimensions", *Third World Quarterly*, Vol. 19, No. 4, 1998; Rob Imrie, Mike Raco, "How New Is the New Local Governance? Lessons from the United Kingdom", *Transactions of the Institute of British Geographers*, Vol. 24, No. 1, 1999.

点突出表现为政策制定和执行的治理场域从国家机构和（或）代理机关转移至非选举产生的半官方机构和社会机构"[1]。

伴随着国家职能的下放与分散，一系列新的治理技术得以被发明和应用，以重塑国家权力和国家监管。克拉克（John Clarke）和纽曼（Janet Newman）对此进行评论，指出，"虽然国家在某些方面已经退出，但同时其权力和治理场域却通过其他途径得以扩展——在转移治理责任的同时创造了新的监管能力，从而确保被转移至其他（社会）机构的治理责任得以落实"[2]。位于这一国家（再）集权化进程中心的治理技术则是所谓的"新公共管理技术"——使得组织"通过财务和绩效目标的内部化实现自我约束"，来为非政府组织的运营和国家的监督管理提供一种规制自主权[3]。具体来说，新公共管理技术包括竞争性资金制度、绩效评估以及人事管理等一系列治理技巧。在青岛，正是通过这一系列新公共管理技术来实现政府对于社区居委会的"远程治理"的。

（一）财政决定行为？

NS 社区居委会经由 4 个小型居委会合并而成立，并同时接管了它们所拥有的资产——包括几家复印店、餐馆、一座低层办公楼以及几处住宅公寓。自 2000 年 NS 社区居委会成立以来，这些资产为居委会带来了可观的收入，并在一定程度上实现了居委会在某些议程与行为方面的财政独立。

---

[1] Vandana Desai, Rob Imrie, "The New Managerialism in Local Governance: North-South Dimensions", *Third World Quarterly*, Vol. 19, No. 4, 1998.

[2] John Clarke, Janet Newman, *The Managerial State: Power, Politics and Ideology in the Remaking of Social Welfare*, Sage, 1997.

[3] John Clarke, Janet Newman, *The Managerial State: Power, Politics and Ideology in the Remaking of Social Welfare*, Sage, 1997; Paul Hoggett, "New Modes of Control in the Public Service", *Public Administration*, Vol. 74, No. 1, 1996; Nikolas Rose, *Powers of Freedom: Reframing Political Thought*, Cambridge University Press, 1999.

自 2002 年开始，青岛市推动了针对居委会资产制度的改革。按照要求，NS 社区居委会出售了大部分名下资产，而剩余的资产每年仅能够为其带来大约 2 万元左右的可支配收入，主要用来改善员工福利和支持部分社区活动。包括 NS 社区居委会在内，青岛市的居委会自此主要依赖于公共财政。青岛市民政局、四方区政府以及街道办公室三个部门划拨的财政资金成为 NS 社区居委会的主要资金来源，这笔费用于 NS 社区居委会的各项主要支出——包括 8 名工作人员的工资，办公设备的花费以及举办社区小型社交和文化活动的开支。

资产制度性质的改革也重塑了居委会的组织行为模式与个人心态。由于对于公共资金拨放制度的依赖性，NS 社区居委会体现出了对于自上而下的政府议程的依附特性。此外，居委会成员的个人心态也受到了"公共财政"的影响。居委会主任对此评论道：

> 我们也是拿公共财政的，吃财政饭……我们经常就说，虽然不是公务员，但是在这一方面跟他们差不多。（浅谈）

这种自我身份的认知也不断自内而外地塑造着居委会成员的行为。对于他们来说，完成政府布置的任务、按照上级指令来行动是理所当然的、也是应尽的义务。因此，当青岛市政府要求 NS 社区居委会在拆迁工作中承担动员居民参与和监督处理社会矛盾的任务时，其工作人员欣然接受。对他们来说，接受政府给予的"临时性"任务是日常工作职责的一部分。

（二）绩效评估与自我调控的治理技术

2005 年左右，青岛市开始了新一轮的基层治理改革实践。在此次改革中，具有代表性的措施包括绩效评价体系以及相配套的薪酬激励措施和竞争性拨款制度。绩效评价体系不仅仅针对居委会的日常工作，也对临时性工作的完成情况进行考评打分。首先，对居委会日常性工作的考评涵盖其常规性工作职责的方方面面，并制定了细化的打分标准。例如，对于居委会在社区福利服务供给中的绩效考评，其考评指标包括社区医疗中心、便民超市、工作培训服务等具体方面；对于居委会在社区治安方面的考评，则通过社区派出所建立情况、防火灾讲座安排情况等细化标准进行打分；媒体宣传、社区居民上访情况等指标则用来考评居委会在社会稳定方面的表现。绩效评价体系的第二个部分则用来衡量居委会完成临时性工作的业绩。例如，在2007年，青岛在全市范围内开展了清理违章建筑的运动。因此，居委会清查和拆除社区违章建筑的工作成效成为本年度绩效考评的重要衡量指标之一。通过实施这一双重绩效评估体系，既可以监督、激励居委会高效完成日常工作，也可以更好地贯彻政府临时性的工作议程，实现权力的自上而下的贯彻实施。

为了起到有效的行为调节和激励作用，绩效评估体系也与其他机制相互辅助。首先，绩效评估体系的运作依赖于公开透明的打分机制。打分使得居委会的绩效具有可视性与可比较性[1]，这使得全青岛的居委会可以进行业绩比较与排名，为激励性工资提供了基础。自2006开始，青岛市对居委会的工资制度进行了改革。改革之后的居委会工资分为两部分，其一是按月支付的基本工资，另一部分则是根据绩效评估成效而发放的激励性工资。激励工资一般以年终奖的形式发放，其具体的数值是不确定的。据一位青岛市居委会成员透露，激励工资的数额相当于年收入的三分之一，因此足以起到行为激励作用，并激发了居委会之间的激烈竞争。

绩效评估与竞争不仅仅重塑了居委会的行为，也重塑了成员的

---

[1] Cris Shore, Susan Wright, "Whose Accountability? Governmentality and the Auditing of Universities", *Parallax*, Vol. 10, No. 2, 2004.

第五章 旧城改造中的"社区实验":远程治理的艺术

心态与思考逻辑。据 NS 社区居委会主任说,过去十年,该居委会在绩效评价体系中获得了较高的成绩,而这足以证明 NS 社区居委会是青岛最好的居委会之一。她进一步说道:

> 我们绩效很好,能够完成政府布置的工作……所以在资助方面,我们的情况也是很好的,比大多数社区(居委会)要好很多……这是实力的证明。(访谈)

以上话语体现了一种自我认知的逻辑:是否达到政府的评价要求是衡量居委会行为是否得当/优秀的重要标准。这一观点也得到了 NS 社区居委会其他成员的认同,他们进一步表示,在政府的绩效评估中表现良好是每个居委会工作人员所认可的组织目标,获得高分以及获得资金支持也是他们工作动力的重要来源。正如肖尔(Cris Shore)所评论的那样,NS 社区居委会的员工"被改造为被监督的对象,按照外界的衡量指标来认可他们自身的表现"[1]。此外,在这一体系的运作下,NS 社区居委会不可避免地将其关注点转移到了自上而下的过程当中去。德赛(Vanolana Desai)和伊姆里(Rob Imrie)对此提出批评,指出"非政府组织由于过分注重程序化目标、资金竞争、专业化、官僚主义流程,并更多地关注社会服务提供而非社会动员目标,因此逐渐失去了其优势"[2]。

如前文所述,在新一轮旧城改造项目中采用了新的治理思路——让居委会参与并化解社会矛盾。为此激励居委会在这一方面的工作积极性,新的绩效考评和打分体系被设计出来。在这一版本的考评标准中,具有两个方面的核心目标。一是为调动居委会的积

---

[1] Cris Shore, "Audit Culture and Illiberal Governance Universities and the Politics of Accountability", *Anthropological Theory*, Vol. 8, No. 3, 2008.

[2] Vandana Desai, Rob Imrie, "The New Managerialism in Local Governance: North-South Dimensions", *Third World Quarterly*, Vol. 19, No. 4, 1998.

极性，来推动拆迁项目的快速实施。为了实现这一目标而制定的评估标准包括居民签约率、搬迁进度等。第二个核心目标则是拆迁过程中的社会稳定性。与此相关的评估标准包括居民上访情况和媒体报道情况等。

参与社区拆迁工作是政府给予居委会的一项十分重要的临时性工作。为了进一步强调这一工作的重要性，青岛市政府对评估体系做出了新的调整——在 2012 年度，那些有"拆迁任务"的居委会的工作绩效将主要取决于其在拆迁工作中的表现。这使得 NS 社区居委会承受了巨大的压力。这不仅仅是因为没有任何一名成员具有参与拆迁的经验，也是因为作为"政策试验田"，NS 社区需要在模糊的政策思路之下进行自己的尝试和探索。为了动员居委会成员积极开展工作，NS 社区居委会主任在内部召开了一系列会议。她对这些会议回忆道：

> 我告诉他们，我们（居委会）必须全力以赴，每个成员都要尽最大的努力，确保完成任务……这（拆迁工作）既是一次机遇，更是一个风险，要么我们证明自己有能力，要么我们将辜负上边的期望……年年受表彰的居委会也不能是白当的……我们要想办法让社区拆迁顺利开展，这是给老百姓帮忙，也是给政府帮忙。（访谈）

这一段评论再次体现了 NS 社区居委会的自我认知逻辑及其责任感归属都依附在自上而下的政策过程中。也正是这样一种逻辑主导着 NS 社区居委会在社区拆迁中的一系列行动。我们将在第六章和第七章中继续讨论 NS 社区居委会的具体行为。

（三）人事管理过程中的集中控制及其艺术

除了绩效评估和竞争性的资金制度，人事控制也是贯彻政府远程监管的重要方式和手段。正是在人事管理过程中，自上而下的政策议程得以贯彻实施，这既是一种典型的新公共管理技术，也是别具中国特色的权力行使方式。在 NS 社区居委会这一案例中，人事管理过程在很大程度上重塑了居委会人员在旧城改造方面的"专业性"。这种出于治理目的的"专业性"既是基于效率性的，也是基于服从性的。

NS 社区居委会由 8 名成员组成，其中包括一名主任，两名副主任以及其他 5 名委员。根据 1989 年国务院颁布的《中华人民共和国城市居民委员会组织法》，居委会主任和副主任应该由当地居民选举产生。然而，我国基层选举实践目前仅仅局限于少数几个试点社区——例如，上海嘉定街道办的几个居委会——大部分居委会的主任和副主任的产生依旧通过地方政府的指定和任命。在青岛，通常先由街道办提名其辖区内的社区居委会主任的候选人，随后将名单提交至市民政局进行汇报。提名批准以后，也会在社区内举行居民选举，但此时的选举更多起到了程序性的"橡皮图章"的作用。

对居委会主任和副主任的任命权成为政府远程治理居委会的重要途径。通过行使任命权力，政府得以发挥"守门员"的作用，从而确保只有那些合格的人选得以进入居委会。为了让 NS 社区居委会在 2012 年的旧城改造项目中有效地发挥作用，在街道办事处的主导下，重新选任配备了居委会的人员构成，重组了 NS 社区居委会的领导小组成员。新的居委会主任与副主任不仅仅具有参与旧城改造与拆迁的经验，同时被认为可以更好地监管安抚社区矛盾。对此，一位街道办事处的官员进一步评论道：

> 他们（新的居委会主任和副主任）是搞拆迁的老手了……这种经验很重要，因为很多时候其实政府就依靠他们及时发现

矛盾、解决矛盾……可以说，他们是（化解社区矛盾）这一领域的专家……所以我们（政府）应该充分合理地支持他们，相信他们，配合他们把工作做好。（访谈）

街道办和区、市级政府对于 NS 社区居委会主任人选的任命则尤为慎重。NS 社区居委会的现任主任自 2000 年被任命以来，其工作一直得到了上级领导的认可。因此，在 2012 年重新改组居委会成员时，她依旧被任命为 NS 社区居委会的主任。之所以得以连任，其中的一个重要原因是其珍贵的"个人品质"。对此，街道办的一名官员进一步说道：

她工作能吃苦，也非常热心……对居民的困难考虑得非常周到，更重要的是，她的工作比较有方法，和政府配合得也比较好。（访谈）

在政府选任居委会主任的时候，考虑的不仅仅是工作能力和工作热情，与政府的"配合"也是重要的考虑因素。这种配合更多的是一种执行力，是对政府意志的贯彻执行。除此之外，候选人其他方面的品质也是任命时的重要考虑因素。NS 社区居委会主任十分擅长与居民进行沟通，也能够巧妙地通过社区社会关系网络来进行有效的治理。这对 NS 社区居委会主任在当地居民中间建立信任和权威、发展信息搜集和反馈网络非常有帮助。这些能力使得这位主任成为治理旧城改造的理想人选。一位街道办官员对此进一步解释道：

有了矛盾她肯定会第一时间知道……而且如果出现了问题，她去调节，居民会买她的账，却不一定买别人的账。（访谈）

在选任 NS 社区居委会主任的过程中，看似与工作并不相关的家庭生活状况也会被纳入政府的考量范围内。NS 社区的居委会主任是一名 50 岁左右的女性。她的丈夫退休在家，两名儿子在外地独立生活，事业成功。这意味着这位主任无须花费过多的时间精力在家庭生活中。正如一位街道办官员所评论的那样，这位居委会主任因此可以把更多的精力放到社区工作中，同时在拆迁这种压力较大的任务中，"可以豁上一段时间，夜以继日的工作"。这回应了玛拉维利亚（Christian Maravelia）的观点，即越来越多的专业领域或非专业领域都被置于权力的注视之下，在权力之下，个体被进一步驯服，成为工具性角色扮演的一部分[①]。

四 本章小结：社区治理的政策逻辑与政策理性

本章以 NS 社区居委会为案例，探讨了我国城市居委会的思考与行动逻辑的塑造过程。在过去的二十年中，我国城市治理的转型集中表现为居委会发挥着越来越重要的治理角色。而这种治理的转型则是双重的：一方面，随着地方政府的职能内卷，居委会被赋予了更多政府分散的职能，并发挥着城市公共政策试验田的作用；与此同时，政府的监管方式也得以重组，通过一系列"远程治理技术"来实现公共权力对于治理末梢的凝视与协调。在 NS 社区居委会的案例中，这种"远程治理技术"体现为绩效考核、薪酬激励、竞争性资金以及人事控制等。青岛市地方政府借由这些技术来调动 NS 社区居委会员工的工作热情，重塑他们的行为与心态，以一种自我规制的方式来对居委会工作人员实现远程治理。通过这些讨论，本章则揭示了城市治理末梢如何"被治理"、居委会的行动逻

[①] Christian Maravelias, "Post-Bureaucracy-Control through Professional Freedom", *Journal of Organizational Change Management*, Vol. 16, No. 5, 2003.

辑，以及地方政府与居委会的内在权力关系。

在 NS 社区中，正是通过一系列的远程治理技术，使得自上而下的权力和治理目标得以实现。因此，NS 社区居委会在旧城改造中也继续秉持着这种行动逻辑。在随后的章节中，我们将讨论 NS 社区居委会的具体治理行为——包括如何监管矛盾、如何动员居民、如何柔化矛盾和实现政府制定的治理目标。

第 六 章

塑造"一致性赞同"的基层治理智慧:社区参与协商

自20世纪70年代开始,居民参与、社区赋权与民主协商等政策话语的出现与流行标志着发达资本主义国家治理的转型。在我国,这些与社区治理相关的政策理念则是在近十年内出现的。2012年,NS社区居委会所管辖的NS社区被列入了青岛市旧城改造规划。在此次的改造中,青岛市政府采取了新的政策尝试:居民参与及协商式治理。这是否预示着旧城改造与城市空间重塑过程中一种新的政策路径已然出现?NS社区是否成为政策试验田?

NS社区这一案例生动地反映、诠释了中国情境下的社区参与及协商。这首先是一种"框架既定"式的参与,即居民在既定政策维度上被赋予了参与权力,例如:对于补偿政策提出异议的权力,对于信息公开的质询权,以及对安置住房设计规划的建议权等。此外,NS社区的参与更是一种"目标导向性"的政策过程,其对于获取一致性、政策支持与合法性起到了巧妙的黏合效应。而NS社区居委会在这一过程中则发挥着至关重要的作用:工具性参与过程的"活化剂"。经过一系列巧妙的参与环节,NS社区居委会成功地柔化了反对声音,并打造了社区的一致性意见。而这一过程则最为生动地体现了我国社区居委会的在地权力、治理逻辑与治理能力。

旧城改造中的社区参与作为一种新生的城市政策过程与城市现

象，对其学术研究与讨论较少[1]。这一章则尝试就这一问题展开讨论。具体来说，这一章将讨论：我国城市空间重塑中的社区参与过程及卷入其中的权力关系网络；政策议程设定的相对封闭性、后置性参与、社区参与无力、无效等伴随西方国家的"顽疾"，是否也适用于我国城市社区参与。通过探索以上问题，希望可以对我国城市更新中的社区参与过程做初步探索，并打开社区协商过程的政策黑箱。

一 "授权社区"的治理艺术：城市更新中的社区参与和民主协商

在西方发达资本主义国家，通过社区参与来推动城市更新这一政策传统由来已久，也为众多学者所广泛讨论。例如，在英国，20世纪90年代所推行的城市挑战（City Challenge）、单项城市复兴基金（Single Regeneration Budget）以及社区新政（New Deal for Community）等具有代表性的城市更新政策，都将社区参与作为解决城市社会问题、复兴邻里街区的重要政策手段[2]。不仅仅在城市更新领域，其他众多城市公共政策领域都愈发倾向于将社区参与当作解决一系列社会、经济与政治问题的"万能灵药"。正如梅奥（Marjorie Mayo）所指出的，社区参与的流行代表着一种新的政策理性的

---

[1] Hyun Bang Shin, "Living on the Edge: Financing Post-Displacement Housing in Urban Redevelopment Projects in Seoul", *Environment and Urbanization*, Vol. 20, No. 2, 2008.

[2] Jamie Peck, Adam Tickell, "Too Many Partners… the Future for Regeneration Partnerships", *Local Economy*, Vol. 9, No. 3, 1994; Paul Lawless, "the Inner Cities: Towards A New Agenda", *Town Planning Review*, Vol. 667, No. 1, 1996; Paul Foley, Steve Martin, "A New Deal for the Community? Public Participation in Regeneration and Local Service Delivery", *Policy & Politics*, Vol. 28, No. 4, 2000; Mike Raco, "Assessing Community Participation in Local Economic Development—Lessons for the New Urban Policy", *Political Geography*, Vol. 19, No. 5, 2000; Michael Ball, "Co-Operation with the Community in Property-Led Urban Regeneration", *Journal of Property Research*, Vol. 21, No. 2, 2004.

兴起，它将社区赋权与自下而上的城市更新方式看作是治愈权威主义的有效方式[1]。除此之外，社区参与可以"增进社区居民对城市更新的认同感、责任感"，也因此被公共政策制定者视为一种提高城市更新有效性和可持续性的最佳政策手段[2]。这种对于社区参与和协商的认知最终使得其成为一种全球流行的政策途径，并在21世纪成为一种无可替代的治理理性与政府逻辑[3]。另一方面，社区参与和民主协商以及社区"一致性"的塑造问题引发了广泛的讨论[4]。有的学者关注了社区参与中的权力分配问题，指出在"伙伴关系"中的"权力授予"与"权力施加"问题。而英尼斯（Judith Innes）则认为，协商式城市规划与城市更新是一种工具导向的治理途径，其本质在于重构社会矛盾的发生场域[5]。而克鲁格（Rob Krueger）和贝金汉姆（Susan Buckingham）则认为，城市空间重塑中已然出现了一种"一致性"的政治[6]，这呼应了莫菲（Chantal

---

[1] Marjorie Mayo, "Partnerships for Regeneration and Community Development Some Opportunities, Challenges and Constraints", *Critical Social Policy*, Vol. 17, No. 52, 1997.

[2] Mike Raco, "Assessing Community Participation in Local Economic Development—Lessons for the New Urban Policy", *Political Geography*, Vol. 19, No. 5, 2000; Jamie Peck, Adam Tickell, "Too Many Partners… the Future for Regeneration Partnerships", *Local Economy*, Vol. 9, No. 3, 1994; Peris S. Jones, "Urban Regeneration's Poisoned Chalice: Is There An Impasse in (Community) Participation-Based Policy?", *Urban Studies*, Vol. 40, No. 3, 2003; Michael Ball, "Co-Operation with the Community in Property - Led Urban Regeneration", *Journal of Property Research*, Vol. 21, No. 2, 2004.

[3] Peris S. Jones, "Urban Regeneration's Poisoned Chalice: Is There An Impasse in (Community) Participation-Based Policy", *Urban Studies*, Vol. 40, No. 3, 2003.

[4] Lisa Blomgren Bingham, "The New Urban Governance: Processes for Engaging Citizens and Stakeholders", *Review of Policy Research*, Vol. 23, No. 4, 2006; Timothy A. Gibson, "Covering the World - Class Downtown: Seattle's Local Media and the Politics of Urban Redevelopment", *Critical Studies in Media Communication*, Vol. 21, No. 4, 2004.

[5] Judith E Innes, "Planning through Consensus Building: A New View of the Comprehensive Planning Ideal", *Journal of the American Planning Association*, Vol. 62, No. 4, 1996.

[6] Rob Krueger, Susan Buckingham, "Towards A 'Consensual' Urban Politics? Creative Planning, Urban Sustainability and Regional Development", *International Journal of Urban and Regional Research*, Vol. 26, No. 3, 2012.

Moufe)对于后政治化倾向的判断①。

二 框架既定的社区参与:打开城市空间规划的政策黑箱

城市更新的政策议程如何产生?城市空间再生产的规划又有哪些力量在推动?与其他政策领域相比,城市更新的规划则更像是一个政策黑箱,这主要是由于其较强的专业性与所涉及的难以厘清、无法言明的复杂的利益博弈与关系网络。正如弗林夫伯格(Bent Flyvbjerg)等人说指出的那样,城市规划并不是一个"技术领域",而是一个政治领域,充斥着社会再生产、权力再生产和价值观再生产②。而这样一个领域往往并不欢迎自下而上的参与。

鲍尔(Michael Ball)根据介入阶段与影响力的不同而将社区参与划分为不同的等级③。社区参与可以仅仅停留在最低层面的意见咨询,也可以上升到具有实质性政治参与意义的社区授权。而后者实现的关键在于"社区与社区群体可以掌控一系列资源,例如社区发展资金或社区住房协会等平台,从而可以真正地发声并做出决策"④。在我们的案例中,NS 社区力量的参与是否有力?社区参与是否能够成为影响"高冷"的城市规划与城市更新决策的有效力量?

正如第三章中所述,NS 社区有两栋多层的筒子楼,其修建于

---

① Chantal Mouffe, *On the Polstical*, Psychology Press, 2011.
② Bent Flyvbjerg, Tim Richardson, Phillip Allmendinger, Mark Tewdwr-Jones, "Planning and Foucault", *Planning Futures: New Directions for Planning Theory*, 2002.
③ Michael Ball, "Co-Operation with the Community in Property - Led Urban Regeneration", *Journal of Property Research*, Vol. 21, No. 2, 2004.
④ Michael Carley, *Urban Regeneration Through Partnership: A Study in Nine Regions in England, Scotland and Wales*, Policy Press, 2000; Michael Ball, "Co-Operation with the Community in Property - Led Urban Regeneration", *Journal of Property Research*, Vol. 21, No. 2, 2004.

1969年，曾经作为国有第三印染厂的职工宿舍而发挥着重要的作用（见图6—1）。从其诞生直至20世纪80年代，NS社区的这两栋建筑都处在它们的"黄金岁月"——它们是当时邻里周边最高的建筑物之一，拥有着当时最先进的建筑设计风格，也在居住功能、居住条件上遥遥领先于其他临近的住宅楼。对此，NS社区的居民普遍认为，"先进楼房"是与当年印染厂的繁荣与兴盛密不可分的。一位NS社区的男性居民进一步指出，在计划经济年代，修建职工宿舍彰显着一个单位的资金、政治地位与关系网络：

资料来源：作者拍摄

图6—1　NS社区的筒子楼

　　修建这两栋楼房，在当时花费了厂子大概三分之一的年收入。这是很大一笔钱，在当时只有像印染厂这样大型的效益好的国有单位才能负担得起……而且，并不是你有钱就能让你盖楼房，单位必须跟市里边有比较好的关系，说得上话，领导

才能给你批块好地……当时我们厂子在这些方面就非常厉害，才建得起这两栋楼。（访谈）

在计划经济时期，工人人口呈爆发式的增长，城市土地供不应求，像 NS 社区筒子楼这样的职工宿舍是城市的稀缺资源。如何分配住房是计划经济时期各个单位重要的管理工作，而如何"竞争"到宿舍，则与个人工作能力、人际关系和社会地位密切相关。当 NS 社区于 1969 年建成以后，第一批居民随后入住，而这些人则是在宿舍竞争中胜出的那部分"单位精英"。他们中有印染厂的"劳模"荣誉称号获得者，有工厂的高级技师，也有副厂长等领导。在访谈中，一位社区居民言简意赅地指出，NS 社区曾经是"一流工人的一流宿舍"。另外一位女性居民也回应了这一观点：

在当时，你得是这种规模大、效益好的国有单位的职工，才能住在像 NS 这样的地方。因为，你知道，当年这种多层的小楼房可不是谁都能住的，当年这种楼房在整个青岛可是都稀罕的，住在楼房里自己感觉都很不一样了……当年住在这儿，那可是一种身份的象征，别人都会知道你的单位好，你的福利好……因为别的效益不好的厂子的工人压根住不了楼房。（访谈）

然而，建筑的黄金时期及其为 NS 居民所带来符号意义与身份认同都是短暂的。20 世纪 90 年代开始，伴随着市场改革的进程，NS 社区的命运开始颠覆。90 年代早期，在青岛市政府的主导下，国有企业开始了市场化改革。面对竞争机制、公共财政减少的危机，许多青岛市的国有企业纷纷走向了缩减规模、合并甚至破产。第三印染厂也在 1992 年的时候历经了这场变革。由于资金短缺，印染厂在这个时期几乎完全停止了对 NS 社区的设施维护投入，由此直接导致了这两栋建筑的衰落。根据居民的回忆，自 90 年代初开始，NS 社区的房子便开始"出问题了……房屋外墙开裂，屋顶漏水和电路老化从那个时候开始就没有断过"（访谈）。除此之外，NS 社区居民最为记忆犹新的事件是 1994 年的厕所堵塞，这导致了十分令人沮丧而绝望的生活环境，小区里"厕所污水横流，冬天还在楼梯上和院子里结成了冰，许多人自这个时候起就下定决心一定要搬走"（访谈）。

与 NS 社区的衰落形成鲜明对比的，是整个邻里地区的快速城市化与更新进程。在 20 世纪 90 年代的头五年中，NS 社区周边的平房与棚户区被迅速拆除，取而代之的是设计前卫的办公楼、高档的餐馆与酒店，以及越来越多的高层居民小区（见图 6—2）。与之相对比，NS 社区的两栋筒子楼不仅在高度上远远落后，其工业时期的建筑设计风格与居住功能也愈发相形见绌。这一切正如一位社区居民所说的那样：

资料来源：作者拍摄

图 6—2 NS 社区周边街区风貌

我们就是那时候被落下的,在那个快速发展的年代,停滞不前就是落后。我们被社会变化抛在了后头,我们从一个最现代的地方变成了一个最不现代的地方。(访谈)

一个社区的物质衰落与社会衰落往往接踵而至。如果 NS 社区在 20 世纪 90 年代的前几年的衰落仅仅是物质上的,那么在 1995 年以后,它开始经历了全面的功能与社会关系的衰落。第三印染厂在 1998 年开始了大规模的裁员下岗,并在 2004 年正式破产倒闭。NS 社区的居民也因此在短时期内经历了社会认同与身份认知的转变:他们从骄傲的国有企业工人变为失业的低收入人群。而 NS 社区也从一个设施完善、精英聚集的社区沦落为一个低收入群体的破旧小区。

社区的衰落自身是否能够推动城市更新议程的生成?NS 社区的案例给出的答案是否定的。在人们的理想中,一个完美城市更新政策议程应该具有捕获来自城市空间每一个角落的信息的敏感性。人们期待城市政府可以准确、及时地识别那些需要政府介入的衰落之地,并在政府主导之下实现邻里社区的更新与复兴。然而,真正的问题往往并不是问题识别,而是涉及哪些城市问题可以上升到公共政策议程。对于城市发展来说,公共利益是复合的、多维度的,需要进行优先排序与组合。20 世纪 90 年代见证了青岛城市发展历史上最快速的城市化进程,东部开发与沿海地带的更新已然占据了城市政策议程的中心地位,这些城市空间吸引了源源不断的政策注意力、资金流与媒体关注。而像 NS 社区这些远离政策关注核心区域的城市空间,则难以启动政府主导的更新进程。

城市更新议程既然不是自发的,那么居民的诉求表达和自下而上的推动是否可以形成城市规划的决策?自 2000 年开始,NS 社区居民开始出现越发强烈的更新改造意愿,并采用了多种形式进行意愿表达，包括给市长信箱写信、参与网上问政环节、拨打 12345 热线等。在意愿表达的过程中，NS 社区居民的立场与态度也在发生着明显的变化。最开始，他们报以恳请政府帮忙的心态来要求社区改造，而到了 2010 年左右的时候，居民们却开始采用了"权利诉求"的话语体系。一位女性居民的言论具有代表性，她认为改造像 NS 社区这样的老旧社区，既是政府不可推卸的责任，也是居民应该享受的权益：

> 我个人认为改造老旧小区是政府的责任，现在城市发展得这么快，政府应该考虑到怎么照顾一下穷人，把城市发展的获益拿出来分给我们，比如给我们搞搞拆迁，分新房子……房价这么高，拆迁是我们住上新房的唯一机会了……别的小区都已经拆了，我觉得我们也有权力享受这种待遇。（访谈）

居民常年来的意愿表达却难以推动更新计划的落地，其关键因素是"规划部门对规划难题的破解……（即）地块开发的资金平衡问题"（青岛市官员的访谈）。对于城市规划部门来说，像 NS 社区这种地块面积小（3440 平方米）、居住密度高的地块，由于预期利润较低、功能转换困难、拆迁难度较大，很难吸引资本的投资兴趣，因此是开发与规划的极大挑战。一位青岛市规划部门的官员进一步解释了 NS 社区的"规划难点"问题：

> 我们都能看到 NS 社区与周边街区风貌的不和谐。它是一个旧式的居民楼，周围都是（19）90 年和 2000 年以后建起来的新建筑。所以，目前 NS 社区就像是一个生硬的钉入街区的楔子，与周边格格不入，而且也一直是我们规划部门头痛的问题……但是想要回收利用（NS 社区）这种地块也是非常难的，

因为在这种小地块上太难做规划了，很难去规划更加合理的、功能更完善的土地功能，尤其考虑到街区整体功能和谐和未来的可持续发展问题，我们就更难出台规划了。（访谈）

2011年，青岛市的新一任市长就任，并为青岛带来了新的城市空间发展规划思路：大力推动内城改造，改变青岛市沿海与内陆之间巨大的空间形态差异。NS社区居委会敏锐地捕捉到市长的政策思路，并在2011年组织社区居民起草了一份联名请愿信，通过街道办而层层递交到市一级政府部门。在请愿信的语言技巧上，居委会也给居民做出了恰当的指导：紧紧围绕着市长对于改造危旧房、改善老城居民居住条件的一系列治理思想来起草请愿信。这一事件再一次生动地体现了社区居委会的双重属性。一方面，NS社区居委会充分展现了自上而下的代表性以及对本地居民需求的回应。而另一方面，又展现了与政府部门的紧密联系，以及对行政领导政策偏好的精准把握。虽然这种双重属性备受争论，但是却有效地构建了居民诉求与城市政策议程之间的通路。

NS社区居民的联名信收到了积极的反馈：2012年初，规划部门正式出台了对NS社区改造的规划。规划部门出台了对NS社区改造的具体方案：通过将NS社区的改造与另外一处位于青岛CBD地区、具有较高利润的开发项目进行捆绑，统一打包给开发商。由于捆绑项目将带来大约11亿左右的利润，土地招标吸引了几家开发商的竞争，最终YZ公司获得了土地开发权。同时，值得注意的是，在这一规划中，核心的政策维度已然敲定。首先，NS社区所在地块的土地功能被确定。在两栋筒子楼拆除以后，这一地块将用于建设一栋5层的写字楼。其次，NS社区的居民将被异地安置到新开发、房价较低的滨海社区。最后，补偿标准的上限也被划定为每平方米11000人民币。的确，发展规划、安置方案选择和补偿标准这些硬性的官方规定是确保 NS 社区改造项目"收支平衡"、改造得以开展的重要条件。然而,这些方面却又是城市更新中社区参与的重要议程,是体现本地居民对于社区未来发展愿景、居住权利与有效参与的核心事项①。

NS 社区改造自"不可能"到"落地"的历史进程中,我们可以看到城市更新政策议程生成的内在逻辑。专业性的规划知识/壁垒、资本吸引力/避绕、城市精英推动/冷漠与社区草根诉求都起到了推动作用。而在其中,社区的力量又是最为微弱的。NS 社区居民的请愿,尤其是在 2011 年的联名请愿信直接起到了敦促政府出台更新方案的作用,但是其背后的市场经济逻辑与城市政治氛围却是草根意愿难以感知、预测与撼动的,它们是城市空间发展与宏观规划背后主导性的力量。正如弗雷(Paul Foley)与马丁(Steve Martin)所指出的那样,在城市空间重塑过程中的权力博弈中,社区往往是最无力的一方,这是由于社区"缺乏企业所拥有的资源与权力机关与其他公共部门所拥有的权力"②。也正是由于这种资源匮乏与无力,社区参与往往并不能使得社区实现对核心议程的掌控。

NS 社区更新方案在本地电视新闻与报纸上向大众公布。除了拆迁的初步日期、异地安置计划等信息外,新闻中也浓墨渲染了此次旧城改造的新方式:社区参与和居民协商。这一信息激发了 NS 社区居民对于参与的美好期待与愿景。正如一位 NS 居民所说:"社区的事让居民自己做主,住新房的大事自己说了算,这对我们来说都是一些新鲜事,如果真的能让我们自己说了算,感觉肯定特别带劲"(访谈)。框架既定的社区参与在 NS 社区的更新过程中是如何

---

① Howell S. Baum, "Toward A Post-Industrial Planning Theory", *Policy Sciences*, Vol. 8, No. 4, 1977.

② Paul Foley, Steve Martin, "A New Deal for the Community? Public Participation in Regeneration and Local Service Delivery", *Policy & Politics*, Vol. 28, No. 4, 2000.

运转的？居民又在多大程度上参与到了政策制定与实施的各个环节？

三 "去除枝丫"行动：规范的社区参与路径如何生成？

> 保证居民按照要求参与，这里面的工作也很多。
>
> ——NS 社区居委会工作人员

NS 社区所体现的这种参与模式，即政策议程既定下的社区参与，是目前我国居民参与的典型代表。这首先是一种被动式的参与，第三部门的权利大小取决于其他两个部门在多大程度上"愿意将权力、对资源的控制力以及决策权力和实施权力让渡给社区"[1]。在这种情况下，基层所能发声的领域十分有限，其能够形成的影响也十分局限。此外，NS 社区的案例也体现了一种工具导向的参与。虽然西方国家的社区参与历史悠久，尤其在过去 30 年中经历了多次深入的改革历程，其社区参与依旧面临着相似的问题。拉科（Mike Raco）对英国城市更新中的社区参与进行评论道："社区参与是为了印证合法性而开展的"[2]。然而在中国的情景下，我们需要理性地来看待这种工具性的社区参与。首先，参与不是一蹴而就的，而是一个渐次打开的、缓慢进入的公民学习过程。其次，在我国大规模的城市化背景下，工具性的参与对于柔化矛盾、化解冲突来说，有着特殊的积极意义。正如一位青岛市官员所说，哪怕是有限参与，也可以给居民带来被尊重感和荣誉感，这是我国城市治理

---

[1] Paul Foley, Martinsteve, "A New Deal for the Community? Public Participation in Regeneration and Local Service Delivery", *Policy & Politics*, Vol. 28, No. 4, 2000.

[2] Mike Raco, "Assessing Community Participation in Local Economic Development—Lessons for the New Urban Policy", *Political Geography*, Vol. 19, No. 5, 2000.

与城市更新政策中的重大进步。对此,她进一步说明道:

> 现在老百姓对拆迁政策不满意的原因有很多,其中一个重要原因是他们感到说不上话,做不了主,被(政府)忽视了……其实我们设身处地地想一下,就都可以理解这种心态了,每个人都希望他们的意愿被尊重。这就是我们(青岛)今年为什么决定要变一变(拆迁政策),从而给我们的老百姓提供一个能够表达和参与的渠道。政府拿出姿态来,老百姓就是十分高兴……我觉得这十分有意义,是政府治理理念的一个很大的进步。(访谈)

这种既定框架的、工具导向的参与可以称为是中国情景下的"规范的社区参与路径"。对于塑造这种规范的社区参与,NS 社区居委会十分积极,也起到了关键性的推动作用。这一方面是由于其对于自身代表性的坚持。对此,居委会主任解释道:

> 我们觉得这次的(参与)政策是一个好事,以前都说居委会很难替居民说话,这次政府给了这样一个机会,我们就要抓住……不管(居民)说话有没有用,反正不说一定没用……可能有的居民不清楚这次政策是怎么回事,所以我们的工作就是要让他们知道,让他们动起来,来参与。我觉得这是我们的责任,这是对老百姓负责。(访谈)

除了"对下负责"的逻辑,NS 社区居委会的积极态度也是迫于"对上负责"的压力。把矛盾化解在基层、执行上级政府下达的任务与工作,一直以来都是我国社区居委会的重要任务。而在此次的旧城改造过程中,NS 社区居委会不仅仅要完成这些传统任务,同时执行引导居民参与、规范化居民参与的新任务。这些任务完成的情况也与居委会人员的年末工作考评、绩效与奖金挂钩。除此之外，居委会主任也面临着来自上级政治精英的压力。自 NS 社区更新规划出台以后，居委会主任参加了一系列政府工作动员会议，区长、副市长等领导也同时出席会议。对此，NS 社区居委会主任指出：

> 大领导的出席本身就是一种态度，说明领导重视，说明（政府）想要让我们充分重视。所以我们这次感到压力很大，这不仅仅是区里边了，还涉及市里边（领导的关注）。（访谈）

为了推动规范化的社区参与在 NS 社区落地，居委会采取了一系列行动与策略。我们将其总结为两个目标、三个环节和两种策略（图6—3）。首先，NS 社区居委会的行动要实现的两个目标为收敛溢出既定框架的诉求表达与塑造社区参与的积极性。其次，NS 社区居委会与基层政府共同推动了有关信息传递与共享的三个环节，从而平息溢出既定参与维度的利益诉求。最后，居委会通过人情与义务两种话语策略，来塑造社区参与的积极性，从而呈上一张答案书写漂亮的考卷。

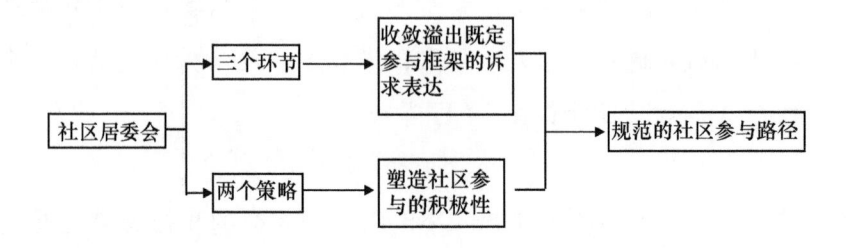

图6—3 规范化社区参与路径生成的两个目标、三个环节与两种策略

第六章 塑造……社区参与协商

"三个环节"开始于舆论的上行传递。前期的民意调查是公共政策制定与执行的基础。尤其是拆迁这样涉及多元利益诉求、易引发矛盾的政策领域，对社区舆论的"摸底"工作则更为重要。为此，NS 社区居委会召集起十几名楼栋长与积极分子，召开了多次会议，为他们布置了搜集民意、反映给居委会的任务。由此，信息搜集的触角伸展至最真实的生活场景：日常交谈、小道消息、发泄抱怨等。任务下达的一周后，社区居民的意愿经由楼栋长与积极分子、NS 社区居委会、街道办最终传递给区级政府：有至少三分之二的居民反对异地安置政策。对此，一位社区积极分子回忆道：

> 在这件事上大家一开始都是抱团的，谁愿意离开这么好的地方？这块（街区）是市中心，买菜、看病、上学都很方便，公交车也多，而且都住习惯了，所以大家都想原地（安置）。居委会和上边（政府）知道后很着急。（访谈）

针对这一情况，区政府倍感压力，并积极地行动了起来，由此进入了第二个环节：政策的中介性传达。作为此次拆迁的领头部门，区政府组织了一系列动员会，并要求 NS 社区居委会主任与副主任共同参加。会议的主要目的是向居委会传达有关 NS 社区更新方案的所有细节，信息涉及规划地块的技术难题、资金平衡问题、开发商的具体信息、拆迁领导小组的成员名单等。这一行动的主要目的是以居委会为中介，向下传递信息、化解居民的反对意见。一位街道办官员指出，之所以要以居委会为中介而非直接由政府面对居民来做工作，是因为政府行为逻辑与社会行为逻辑之间的错位。他进一步解释道：

> 做老百姓的工作是居委会的本职，也是它所擅长的……我

们下去的话肯定是官腔，这些政策层面的说法老百姓不爱听，也听不懂……（居委会）用老百姓更能听懂的语言，说他们理解的话，这样才能做社区工作。（访谈）

将政策层面的话语与公共政策转化为居民可以接受的话语体系，不仅仅是一种政策诠释，也是一种"公民教育"的体现。在具体实践中，这体现为收敛溢出框架的诉求表达所开展第三个环节：信息的选择性分享。NS社区居委会甄别了那些"有文化""理解能力强"的居民和那些"不太有文化""不一定能理解政策"的居民，并对二者采用了不同的说服策略。对于前者，居委会与他们平等地分享了所有信息，包括政府对于NS社区更新的决策过程、地块未来的规划方案、安置社区的位置及其未来升值潜力等。而对于后者，NS社区居委会所采用的解释方式则十分草率简单，仅仅告知行为可能导致的政策后果："（居委会）告诉我们要么异地，要么不拆"。对此种选择性的信息分享策略，NS社区居委会主任解释道：

要理解领会政策并不是那么容易的……我们自己也反复参加了那么多的政府会议，私下里一块学习了很久，才了解到（政策）到底是怎么回事。这需要很多专业知识，比如说建筑设计方面的，土地规划方面的，然后上面还有各种各样的数字，都了解了才能知道政府的规划和拨款到底是怎么回事……可能有一小部分居民比较有文化，我们可以给他们讲，但是大多数居民即便你当面和他们讲，他们都理解不了……所以最好的办法就是告诉他们能不能拆，怎么才能拆。（访谈）

尽管这种行动策略充满了信息的不对等及对居民的区别对待，

它仍旧起到了很好的效果。最终，NS 社区的大多数居民已经同意异地安置政策，虽然这是一种"不得不"的消极赞同。异地安置是 NS 社区最核心的更新政策议程，而随着那些溢出框架的诉求被成功地收敛，随即出台了居民参与的政策：选择房产评估公司。在青岛，拆迁补偿政策一直是由政府制定出台，而此次的新政对此进行了改革。房地产评估公司将遵循市场机制对居民房屋进行价格评估，以此为依据来确定房屋补偿政策。而居民又被赋予选择评估公司的权力，这似乎意味着居民对补偿政策拥有着举足轻重的参与决策权力。然而，NS 社区居民并没有显现预期的参与热情。在 2012 年 8 月 12 日这一天，当政府公示了有资质的评估公司的名单并要求居民投票选举时，居民们大多报以冷漠的态度。一部分人的冷漠是基于对政府的不信任感与对参与的无效感。正如一位男性居民指出：

> 他们（这些评估公司）肯定是听政府话的，和政府关系好的，不然也不会被政府列到名单上……所以我们就觉得这只是走个过场，我们选谁根本没用，最终怎么补偿还是政府说了算……要我说，他们（评估公司）都像是政府的牵线木偶。（访谈）

而另一部分居民不愿参与则是出于对于信息不对称的沮丧感。在他们中，一位老年女性居民的观点具有代表性：

> 就给了我们（评估公司的）名字，什么时候成立的，注册资本是多少，这对我们选择谁有什么用？（访谈）

另一位社区居民对此观点回应道：

> 你上哪儿也找不到这些公司的详细信息，我上网搜索过，但是什么也没有……他们这么神秘，是不是故意的……我们需要有用的消息，比如说他们（公司）以前给哪些小区评估过，那我们就可以去查一下他们以前给的评估价格，这样就心里有数，可以比较一下哪一家（公司）给的价格更高，这样我们才好选择。现在让我选，我们就像闭着眼睛瞎猜。（访谈）

在公示了评估公司信息之后的一周里，仅有数十名居民提交了选票。对此，区政府再次给 NS 社区居委会下达了新任务：动员居民投票。的确，在政府的治理逻辑中，规范的社区参与不仅仅是规则内的参与，也应该是居民积极响应的参与。因此，NS 社区居委会开始了他们的投票动员工作，而"人情"与"义务"成为塑造参与积极性的两种话语策略。桂勇的研究表明，社区居委会通过人情、游说、话语技巧等方式，解构与再构了国家在基层的权力行使方式[①]。最终，在国家与社会互动的微观层面，出现了一种象征性的认可，即通过社区居委会而实现的国家与社会的粘连模式。在 NS 社区，我们也发现了与之类似的、正式权力的在地化与人情化重构的现象。例如，一位社区积极分子说到，她前去投票完全是因为感情因素：

> 平时给（居委会）帮忙，一来二去大家都熟悉了，现在他们说（居民）不投票他们很头疼，要我再去帮个忙，这么点小事不给面子咱也不好意思。（访谈）

而另一位居民，虽然并不是社区积极分子，也提到了"响应"

[①] 桂勇：《邻里政治：城市基层的权力操作策略与国家—社会的粘连模式》，《社会》2007 年第 6 期。

与"参与"是基于"互惠"与"感情"。他给一家评估公司投了票，是因为：

> 平时办低保没少跑居委会，我去投票不是为别的，说实话谁家（公司）当选我觉得无所谓，只是觉得能给居委会帮上个忙挺好的，我就当还个人情。（访谈）

对于那些并没有与居委会之间建立起关系与情感网络的居民，NS社区居委会则采用了"义务"话语体系。很多居民态度坚决地表明并不想去投票，正如一位女性居民所说，"不投票是我们的权利，是我们向政府表达不满态度的方式"。然而，NS社区居委会通过灌输义务的压力，最终还是说服了大多数人参与投票。对此，一位居民说道：

> 我一直跟他们（居委会）说，我不会去投票的，我说投票压根没用，我不愿意去走这个过场。但是他们（居委会）说这是我的义务，说拆迁是政府给老板姓办实事，老百姓也有义务按照要求来参与。他们（居委会）还说，不参与其实是不负责任的，对自己，对大家，对社区……你知道我们那个年代的人还是有责任感的，听不得别人说自己不负责，所以我就去投票了。（访谈）

通过信息传递的三个环节与国家—社会粘连的两个策略，NS社区居委会成功地感知、软化、整合了溢出政策框架的声音，并成功地发起、激励、引导了积极的公民参与。这些推动社区参与规范化的策略与行动，好似伐去杂乱无章的树木枝丫，使得基层参与路径整洁清晰，并按照既定轨迹生长。

四 社区协商:话语权力、价值观认同与"一致性赞同"的生产

因为我说的对,所以他们就得听。

——NS 社区居民

社区协商会是一场话语权的交锋。城市社区是多元的构成,其中有基于经济收入水平的差异,有居民和小商业的不同立场,也有性别的、教育背景的、价值观上的迥然不同。因此,城市社区本身包含着不同的社会群体所表达的多元的、彼此冲突的声音与观点[1]。社区参与和协商则是尝试以一种对话的形式,在矛盾的声音之间构建一致性。对话的核心是语言,而语言力量的关键则是价值观的胜出与认同。

随着具体的搬迁补偿政策出台与公示,NS 社区居民之间又掀起了热议。包括每一户的具体补偿款数额、搬迁的时间安排,以及安置社区的位置、户型与价格,都在位于 NS 社区广场的一张彩色公示牌上示众(图6—4)。根据公示的信息,基于房屋质量、楼层的不同,每户可以拿到的补偿标准在 10191 元到 10436 元每平方米之间浮动。而由于 NS 社区居民的房子大多在 15—30 平方米之间,他们每户可以拿到的补偿款大约在 20—40 万元。另一方面,居民需要用拿到的补偿款来自己购买政府指定的三个安置社区的房子:海湾花园,中冶英郡与海岸锦城。据官方消息,这三处安置房面积大多在 70—120 平方米之间,而它们将以低于市场的价格卖给 NS 社区居民,售价约 8900 元每平方米,购置一套房屋的总价大改在

---

[1] Bob Colenutt, Austen Cutten, "Community Empowerment in Vogue or Vain?", *Local Economy*, Vol. 9, No. 3, 1994.

60万元左右。这样计算下来，那些仅拿到20万元补偿的居民需要额外支付40万元用于购房，而那些拿到40万元补偿的居民则需要至少支付20万元来在安置小区买房。面对这样一笔经济账，NS社区的居民倍感压力。"还不如不拆"，"不给更高的补偿不走"，"我们要联合起来和政府谈"等负面言论与情绪再度被激发，而在前一阶段，由居委会反复游说而形成的和谐局面被打破。

资料来源：作者拍摄

图6—4 NS社区公示牌

为了平息争议，在市级与区级政府的指导下，NS社区居委会组织召开了一场由23位居民代表参加的协商会。参会人员的构成充分体现了民主协商的多元、包容、对话精神：参会居民既有支持补偿安置政策的，也有反对的；低保家庭、残疾重病家庭、孤寡老人等社区弱势群体也都有代表出席。在协商会上，参会居民代表和居委会成员通过沟通、讨论的方式来化解不一致意见，最终生成社区的"共同意愿"。这场协商会见证了那些承载不同价值观的话语，我们将其归纳为三个价值理性的博弈。

首先，最常被提及的是一种"经济人理性"，或居民所说的"算清楚经济账"。协商会议一开始，便有一对夫妻开门见山地表明对于现有拆迁补偿政策的不支持，而他们所陈述的理由在持反对意见的居民中极具代表性。他们指出，拆迁不仅仅没有"改善"生活，反而给居民生活带来了巨大的经济负担：

> 外人没算过这笔经济账可能不清楚，但是我们自己心里知道……我们在这儿（NS社区）收入算低的了，一个月800块钱，别人可能高点，也高不到哪儿里去，大概2000多（一个月），你要知道青岛市的平均收入是5000了……所以我们根本负担不起搬家……我家总共就有10万块，怎么能负担得起倒贴20万去买（安置）房……还有，你还要贴很多钱去装修，我听说那边（安置社区）物业费还不便宜……我们连花钱雇搬家公司都出不起。（会议观察记录）

他们的话即刻得到了另外一户病重家庭的支持，后者表示不但不满意政府给予的补偿款金额，同时由于"特殊的家庭情况"，对于安置社区的"基础设施落后"问题无法接受。他们说道：

> 我对象重病了5年多了。对我们来说住在像（NS社区）这样离医院近的地方才行，万一有个突然情况我们也好应付……所以对我们来说，（NS社区）这儿很理想，一拐弯就有一家中型医院……走十五分钟就到另一家青岛最大的医院了……可是安置点那没有医院，对我们来说住在那儿不方便，而且看病成本更高了。（会议观察记录）

对稀缺的城市公共资源的争夺一直是城市空间争夺的核心维度，它涉及城市居民的经济、社会与政治权利。无论是第一对夫妻的单纯的经济账，还是第二户居民的"权利"帐，都受到了其他支持拆迁补偿政策的居民的激烈反驳。反驳的话语主要从其他角度来摆明拆迁给居民带来的收益，试图从"经济人"理性来劝退相反意见。在支持现有补偿政策的居民当中，有一位居民指出，接受政府补偿、即刻搬迁意味着抓住机会享受政府的公共财政补贴，这是一笔合适的经济账。他进一步说道：

你们（反对的人）光看到眼前的这一点点搬家花的钱，但是你们想没想过更大的便宜被我们占了……咱们盼着拆迁盼了多少年了，一直没有机会！你们知道拆迁里边是怎么回事么？这是政府拿着财政补贴咱们，不然咱们这种地方开发商根本没兴趣，要不是政府出钱咱们肯定以后十年还拆不了。这么珍贵的机会还不珍惜么？这是政府贴钱给咱们改善住房，这是更大的便宜，要是会算账的话，一定得搬！（会议观察记录）

而另一名支持拆迁的居民，则从投资—收益的角度来试图劝说，他指出：

光看眼前的花钱就太不聪明了！房产是一项投资！你现在的房子能卖出去么？有人要么？值几个钱……搬到新家可不一样了，那是正儿八经的房产，你自己投上几个钱，就可以等着以后升值了。还有，你们不能只看到现在那儿什么都没有，城市发展慢慢来，以后医院啊超市啊都会有的……要用长远的目光看问题，怪不得有些人总是富不起来！（会议观察记录）

· 145 ·

在"算经济账"的对话中,那些支持拆迁补偿政策的居民通过摆明"更大的""更长远的"经济利益,获得了话语优势。在这一轮对话中,因"经济"理由而不支持拆迁政策的居民的话语被平息。随后,第二组对话围绕着"个人素质"和"个人品德"而展开。一位居民认为给 NS 社区的补偿价格太低:

> 我亲戚前一阵子也在拆迁,也是青岛,他们都拿到快 1 万 3(每平方米)了,咱们不应该这么低。(会议观察记录)

对此进行补充,另一位居民指出除了补偿价格低,安置社区的房屋设计也十分不理想:

> 房型设计很不合理,也没有(在安置社区里)给我们朝向、位置和户型最好的楼,我们好不容易拆迁一次,应该把好房子给我们。(会议观察记录)

这些话语体试图从社区居民集体利益的角度来发声,然而却并没有受到所有参会居民的赞同。对此的抨击与反驳甚至更加激烈,甚至上升到了对"个人品德"层面的批评。一位男性居民指出,想要更高的补偿和更好的房型是"不知道满足"的表现,他具体说道:

> 五年前云南路社区拆迁的时候,老百姓才拿到了 15 万的拆迁款……两年前,辽宁路社区拆迁的时候,涨到了每平方米 5000……现在咱们都给到了 1 万多(每平方米),我觉得我们应该感到满意、知足,还有感恩。(会议观察记录)

这种对"知足"或者"相对满足感"的态度得到了许多居民的赞同。在中国快速的城市化背景下,"土地租差"不断推升土地与房屋价格的快速上涨,这也极容易导致一种 NS 社区居民所持有的"相对满足感"。紧随其后,另一位居民也反驳了"想要好政策"的观点,并且使用"贪婪"等更加激烈的措辞。他说道:

> 给我们的补偿政策够好了,还有人不满意的话那就是贪婪,不知满足……这些人总是强调各种各样的家庭困难,从而想要从政府那要更多的好处……我们都是多年的老邻居了……彼此应该都要面子,是不是一谈起钱来,都不怕老朋友们看不起你?(会议观察记录)

此刻,居委会主任也在会上首次发声,延续了"道德评价"的话语体系,并使用了大多数人的利益/个人利益、公平/搞特殊、自私等更有力的词汇:

> 现在咱们听到了各种各样的声音,有支持的,有反对的,不和谐的……但是咱们知道,大多数居民是支持现在的拆迁补偿政策的……大多数人的声音一般还是有道理的,反映了大伙的真实意愿……有一些居民提出了个人角度的自私的要求,想要从政策那里讨便宜,想要比邻居拿得多,这是很自私的想法……咱们的补偿要公平公正,不能因为自己的欲望耽误了别人想拆迁住好房子的美好愿望。(会议观察记录)

除了诉诸"经济人理性"与"道德评价"外,那些支持拆迁政策的居民还进一步采用了"公民责任"的话语权,从而瓦解反对意见。当一户居民提出,除非政府给家里的儿子安排工作,否则他

· 147 ·

们不搬迁时，引发了其他居民关于政府责任与个人责任的讨论。前者强调，之所以要求政府安排工作，是因为家里的特殊情况：

> 我家其实并不在乎钱……对补偿价格没有太大的异议。我们需要政府就这次拆迁给我们解决工作问题……我儿子（从监狱）出来以后需要一个改过自新的机会，所以需要一个正经工作……现在我们在（NS社区）这儿开了个小卖铺，拆了之后我儿子就完全无业了，我觉得政府应该给（我儿子）安排个工作。他可以做（安置）小区保安……拆迁是好事，但是不能毁了生活来源。（会议观察记录）

在西方，城市更新与旧城改造已然从仅仅关注物质更新发展到追求社会效益。如何解决贫困、隔离、失业等问题是目前西方许多城市更新所追求的核心议程。在这些地方，如何借由更新项目来为社区居民提供更多的、高质量的就业岗位，不仅仅是政府优先考虑的事项，更是自下而上的社区参与所要推动、监督公共部门来实现的公共利益。然而，NS社区居民却并不赞同将工作机会上升为社区的利益诉求。很多居民认为这一户的诉求"可笑""没道理""离谱"。其中，一位女性居民的观点具有代表性，她说道：

> 现在都是市场经济了，提出这样的要求太可笑了……以前（计划经济）确实要求单位给解决很多事儿，生老病死，家长里短，都归国家管……可是现在我们要市场行为……怎么还能提出这种奇怪的要求？这种事跟改造不沾边，改造的时候就来谈钱，谈补偿。（会议观察记录）

这一观点表达了居民对于政府职能与责任变化的看法——单位

制体制中的全能政府已经被市场经济背景下的"小政府"所取代。这体现了一种新自由主义的公民价值观，其重新定义了政府—社会的边界[①]。其他居民也进一步提到了市场经济背景下，政府的责任是招商引资，推动城市发展，而居民自身也应承担一部分责任，即出钱购房、自我安置。对此，一位居民提出：

>拆迁是改善居住水平的好事儿，所以居民自己也应该有所承担、有所付出……你不能再指望政府什么都管。我的意思是，政府已经做了它应该做的事儿，招商引资，还给我们提供了低于市场价格的安置房，所以很自然的，老百姓自己也应该把兜里的钱掏出来买房子，是不是……要我说，买安置房的事想都不要想（就应该去做），这是掏钱给自己改善居住条件的事儿，是居民自己的责任。（会议观察记录）

在一系列的交锋中，反对意见被成功地边缘化。最终，社区协商会议生成了社区的一致意见：同意现有的补偿标准以及异地安置方案。布尔迪厄（Pierre Bourdieu）在讨论语言的力量时，提到了默认的秩序和象征性暴力[②]。象征性暴力建构在价值观、知识体系和文化认同之上，通过一种既定的秩序而发挥作用。它常常通过语言来承载，并通过构建认同来获得遵从。一致性的意见往往掩盖了多样性，而"赞同"的构建则反映了这种基于语言和象征的暴力。虽然社区协商在化解在地矛盾方面的作用值得认可，但是这种"一致性赞同"的生产过程却值得我们反思。

[①] James Ferguson, Akhil Gupta, "Spatializing States: Toward An Ethnography of Neoliberal Governmentality", *American Ethnologist*, Vol. 29, No. 4, 2002.

[②] Pierre Bourdieu, "Social Space and Symbolic Power", *Sociological Theory*, Vol. 7, No. 1, 1989.

五 本章小结：工具性的社区参与及其意义

本章讨论了旧城改造中的社区参与和协商。NS 社区的案例具有一定的代表性，它反映了我国情景下社区参与形式：既定框架与工具导向。一方面，这种社区参与是一种低阶的、难以实现社区自下而上掌控力的参与形式[①]。但在另一方面，这种参与作为化解矛盾的有效手段与生产一致性赞同的政策工具，对我国城市发展的现阶段治理来讲，却依旧有着重要的意义。

值得关注的是社区居委会在社区参与和协商中所发挥的关键性作用。一方面，NS 社区居委会显示了基于双重压力与逻辑下的居委会行动与策略，体现了一种在社区代表性与上级命令之间进行调和、粘连的基层治理艺术。本章详细讨论了 NS 社区居委会在工具导向的社区参与中所发挥的作用，并将其总结为三个环节与两个策略。这种基层治理的艺术是基于居委会的在地知识，即对社区居民的了解而开展的。知识与信息是开展基层治理的首要条件，它使得居委会获得在地优势。这种在地优势不仅仅是基于对本地居民的了解，也是基于日常关系网络之上而获得的人情支持与道德建构的，从而使得居委会可以做出具有选择性的最佳策略，孕育出最合适的话语体系。

[①] Michael Carley, *Urban Regeneration through Partnership: A Study in Nine Regions in England, Scotland and Wales*, Policy Press, 2000; Paul Foley, Steve Martin, "A New Deal for the Community? Public Participation in Regeneration and Local Service Delivery", *Policy & Politics*, Vol. 28, No. 4, 2000.

第七章

社会资本与社区治理:钉子户的治理策略与治理逻辑

> 决定生活质量的重要因素恰恰蕴含在人们的日常关系中……这是一种起到黏结剂作用的东西,它一方面受制于经济个人主义,另一方面被国家社群主义所影响,不断地将个人凝聚成团体,将团体聚合为组织,将公民个人整合为社会。尽管研究者并未对这种黏结剂一样的物质给予清晰的定义,但是大家对它的真实存在都是毫不质疑的……在社区发展的过程中,这种黏合剂是重中之重。
>
> ——拉邦特(Ronald Labonte)[1]

在上一章中,我们讨论了 NS 社区中的争论、社区协商与一致性意见的生产过程。面对自上而下制定和实施的拆迁补偿政策,NS 社区的居民意见不一,分歧愈演愈烈,最终分裂成赞成方和反对方两个阵营。在反对阵营中有 25 户人家,他们认为目前的补偿政策并不合理,并且表示拒绝搬迁。由于他们的抵制态度,这 25 户人家被居民和 NS 居委会工作人员称作"钉子户"。为了劝说钉子户,避免矛盾进一步激化,在 NS 社区居委会的主导下,社区居民自治

---

[1] Ronald Labonte, "Social Capital and Community Development: Practitioner Emptor", *Australian and New Zealand Journal of Public Health*, Vol. 23, No. 4, 1999.

小组成立，对钉子户进行劝说游说活动。本章将运用社会资本理论，分析这种的劝说运动背后的权力模式与治理逻辑。

首先，本章进一步讨论了韦克菲尔德和波兰对于社会资本的观点——即"从另一面来说，社会资本是通过社会关系而运作的新自由主义路径"[1]。其次，我们也分析了青岛旧城改造过程中治理思路的转型。从"强拆"到社区自治和居民劝说模式的转变，恰恰体现了一种新自由主义的治理策略，即赋权与赋责的双重治理逻辑。再次，本章通过对NS社区劝说活动的分析，对社会资本理论进行了批判式的解读。通常情况下，社会资本是具有积极色彩的治理工具，它被认为是建立在信任、互惠、责任感之上的治理过程，是政府在社区治理过程中构建的一系列珍贵资源[2]。然而，NS社区的案例分析则表明，社会资本也具有负面效应，是一种等级秩序与象征性权力不公正（再）生产的过程。最后，我们对钉子户在城市更新中的经历进行了解读。在目前的实证研究中，鲜有对于"钉子户"群体的关注。本章通过大量翔实的访谈数据，展现了NS社区中25户"钉子户"家庭所面临的复杂多变、困难重重的情境。

本章由五个部分组成。第一部分回顾了有关社会资本的已有文献，对社会资本作为一种新自由主义治理术这一问题进行了理论建构。第二部分则揭示了NS社区中社会资本的构建逻辑，并指出这是一种基于计划经济和单位制特色的城市社会资本模式。在第三部分，对于青岛市治理逻辑的转变进行了讨论。在城市拆迁过程中推行社区自治并成立居民自治小组，体现了治理过程中政府责任模式与社会责任模式的重新分工。随后，第四部分分析了居民劝说的具体实践，以及其背后所体现的象征性权力运作。在最后一部分，梳

---

[1] Sarah EL. Wakefield, Blake Poland, "Family, Friend or Foe? Critical Reflections on the Relevance and Role of Social Capital in Health Promotion and Community Development", *Social Science & Medicine*, Vol. 60, No. 12, 2005.

[2] John Field, *Social Capital*, London: Routledge Press, 2003.

理本章的研究发现，并对社会资本与治理过程之间的内在关系进行了进一步讨论。

一 作为新自由主义治理术的社会资本

根据帕特南（Robert Putnam）的定义，社会资本体现了"社会生活的核心特点——即人际网络、规范和信任——这些特点能够促使参与者共同行动并更有效率地达成共同目标"[1]。具体来说，社会资本表现为特定形式的人际关系和人际网络，从而可以提升合作，加强人与人之间的相互影响力。而这些影响力主要体现在基于亲属关系、朋友关系和邻里关系之上而构建的身份认同、情感纽带、信任、责任感以及由此衍生的共享价值、共同规范与集体利益。这一观点回应了科尔曼（James Coleman）的论述，即社会资本存在于"两个或多个行动者之间的关系模式中"[2]。菲尔德（John Field）也进一步指出，社会资本理论的核心要意义是"人际关系至关重要"[3]。帕特南也认为，"社会网络十分重要……社会交往会影响个人与团体的生产能力"[4]。菲尔德也在此基础上提出，人际关系与社会网络"构成一种资源"，"一种有价值的资产"[5]；科尔曼更进一步阐明，社会资本是不可替代的，"与物质资本和人力资本并无实质差异，（因为）如果缺乏社会资本，就不可能实现既定的社会目

---

[1] Robert D. Putnam, "Who Killed Civic America", *Prospect*, March, 6, 1996, p.56.

[2] James S. Coleman, "Social Capital in the Creation of Human Capital", *American Journal of Sociology*, Vol. 94, 1988. S95 – S120, S98.

[3] John Field, *Social Capital*. London: Routledge Press, 2003.

[4] Robert D. Putnam, *Bowling Alone: the Collapse and Revival of American Community*, Simon and Schuster, New York, 2000.

[5] John Field, *Social Capital*, London: Routledge Press, 2003.

标"①。德菲利皮斯（James DeFilippis）也提出，社会资本发挥了一种赋能的角色，这将提升有效合作、克服个体的自利属性、复兴社群主义精神，从而起到促进经济发展、提升社会福利、培育社会公德的效果②。

基于早期的研究，近年来越来越多的学者开始从国家治理的视角入手，讨论了社会资本对于国家治理过程的重要意义。许多研究指出，社会资本是蕴藏在公民社会中的特殊资源，在治理过程中，充分挖掘和运用社会资本有助于解决"传统的市场失灵或国家失灵难题"③。马洛尼（William Maloney）等人认为，社会资本可从以下几个方面改善国家与市场失灵。首先，社会资本建构了"由职责、期望和信用构成的参与者行动环境"④。在这一环境下，市场交易和经济行为可以变得富有效率。其次，社会资本可以搭建起人际间的信息通道，从而促进合作并增强集体利益。鲍尔斯（Samuel Bowles）和金迪斯（Herbert Gintis）关于日本渔夫的案例研究证实了这一点。他们发现捕鱼群体间通过共享信息和技巧，形成了共同协作、风险共担的关系⑤。最后，社会资本还包括"为了规制而设定的规范与有效的惩戒措施"⑥。根据科尔曼的表述，当"一个成年人对其他（邻居）的孩子表现出关切和介入性行为"时，或者

---

① James S. Coleman, "Social Capital in the Creation of Human Capital", *American Journal of Sociology*, 1988, S95 – S120, S98.

② James Defilippis, "The Myth of Social Capital in Community Development", *Housing Policy Debate*, Vol. 12, No. 4, 2001.

③ Samuel Bowles, Herbert Gintis, "Social Capital and Community Governance", *The Economic Journal*, Vol. 112, No. 483, 2002, F419 – 436, F422.

④ William Maloney, Graham Smith, Gerry Stoker, "Social Capital and Urban Governance: Adding A More Contextualized 'Top - Down' Perspective", *Political Studies*, Vol. 48, No. 4, 2000.

⑤ Samuel Bowles, Herbert Gintis, "Social Capital and Community Governance", *The Economic Journal*, Vol. 112, No. 483, 2002, F419 – 436.

⑥ Maloney, William, Smith, Graham, Stoker, Gerry, "Social Capital and Urban Governance: Adding A More Contextualized 'Top - Down' Perspective", *Political Studies*, Vol. 48, No. 4, 2000.

当"邻居和亲属帮助老师和家长劝阻年轻人旷课或督促其完成作业"时[1],则体现了这种社会资本的规制维度。

也有一些学者不仅仅关注社会资本作为治理工具的具体表现,而是深入分析了其背后所蕴含的治理逻辑。在治理过程中,对于社会资本的重视与运用体现了并行不悖、相互重塑的两个过程:一是政府的外卷化与治理场域的分散化;二是社区自治能力的培养,以及通过社会资本对社区和公民社会进行赋能的过程。韦克菲尔德(Sarah wakefield)和波兰(Blake Poland)对这一观点进行了回应,他们指出,社会资本"为国家干预社会网络及其构建提供了一条便捷的通道,同时又很巧妙地回避了采用一种传统的、基于再分配主义的立场,这就给予了新自由主义治理术一条干预社会生活的捷径"[2]。拉邦特(Ronald Labonge)对这一观点进行了进一步的讨论,指出,"社会资本本身其实并不是真实存在的,它是由我们的选择而填充和构建起来的";同时,当社会资本与新自由主义意识形态相结合时,"社会资本最终使得我们对福利国家职责的争论转向对于公民社会责任的关注"[3]。

在近十年中,对于社会资本的研究开始关注其在社区治理中的应用。例如,有许多研究者开始关注社会资本是如何在社区医疗服

---

[1] John Field, *Social Capital*, London: Routledge Press, 2003.

[2] Sarah EL. Wakefield, Blake Poland, "Family, Friend or Foe? Critical Reflections on the Relevance and Role of Social Capital in Health Promotion and Community Development", *Social Science & Medicine*, Vol. 60, No. 12, 2005; Alejandro Portes, Patricia Landolt, "The Downside of Social Capital", *The American Prospect*, Vol. 7, No. 26, 1996; Michael Woolcock, "Social Capital and Economic Development: Toward A Theoretical Synthesis and Policy Framework", *Theory and Society*, Vol. 27, No. 2, 1998; Ronald Labonte, "Social Capital and Community Development: Practitioner Emptor", *Australian and New Zealand Journal of Public Health*, Vol. 23, No. 4, 1999, p. 430; B. Poland, "Social Capital, Social Cohesion, Community Capacity, and Community Empowerment: Variations on A Theme", *Settings for Health Promotion: Linking Theory and Practice*, 2000; Derrick Purdue, "Neighbourhood Governance: Leadership, Trust and Social Capital", *Urban Studies*, Vol. 38, No. 12, 2001.

[3] Ronald Labonte, "Social Capital and Community Development: Practitioner Emptor", *Australian and New Zealand Journal of Public Health*, Vol. 23, No. 4, 1999.

务和社区扶贫等政策领域中发挥作用的。珀杜（Derrick Purdue）的研究则关注了社会资本对于社区参与和伙伴关系建立的重要意义。他指出，社区领导者所具有的"内生公共性社会资本与外生合作性社会资本"是建立在其与"广泛的社区组织……（和）私营部门以及公共部门"之间"相互信任与友好关系"的基础上。而内生性与外生性的社会资本都是建立"有效的邻里伙伴关系"的关键[1]。

目前，关于社会资本的研究大多集中于西方民主社会，对于中国社会资本的研究较少。同时，也鲜有实证研究来揭示社会资本在中国社区治理中的运用。社区治理是否也体现了对于社会资本的培育过程？这是否意味着一种新自由主义治理策略在中国的运用？在下述的讨论中，我们将通过讲述 NS 社区的故事，来揭示这些问题的答案。

二　NS 社区的社会资本：单位制小区中的人际关系构建逻辑

根据福山（Francis Fukuyama）的观点，社会资本是"宗教、传统、共享的生活经历和其他多种形式的文化规范的副产品"[2]。迪安（Mitchell Dean）进一步指出，社会资本意味着公民社会中既存的一系列"规制形式"，而政府也正是通过这种社会资本来寻求治理的通路[3]。在 NS 社区中，由于多年的交往经历、共同记忆和家族关系彼此嵌套而形成了特定的社会资本，而这种社会资本也充分体

---

[1] Derrick Purdue, "Neighbourhood Governance: Leadership, Trust and Social Capital", *Urban Studies*, Vol. 38, No. 12, 2001.

[2] Francis Fukuyama, "Social Capital, Civil Society and Development", *Third World Quarterly*, Vol. 22, No. 1, 2001.

[3] Mitchell Dean, "Liberal Government and Authoritarianism", *Economy and Society*, Vol. 31, No. 1, 2002.

第七章 社会资本与社区治理：钉子户的治理策略与治理逻辑

现了单位制社区的内在特征。

NS 社区是建立于 1969 年的国有企业——第三印染厂的职工宿舍。因此，许多社区居民都曾是老国企中的同事。在采访中，一位年老的男性居民表示，和老邻居老熟人追忆过去极大地增进了彼此之间的感情纽带：

> 我们都是老熟人了，经常约起来喝酒聊天，我们到现在还会聊以前厂子里的事儿……你知道人一老了就爱聊过去的事儿……到了我们这个年龄就会觉得，和老同事说说闲话很开心……每次有人和我一起聊年轻时在工厂里发生的那些芝麻小事儿，我都特别高兴，特别开心。（访谈）

共同的回忆是构成许多城市社区社会资本的重要基石。除了共同回忆之外，NS 社区的社会资本还体现了一系列单位制体制之下的社区所具有的独特性。首先，NS 社区的人际关系纽带依旧带有社会主义情怀的特征以及计划经济体制的烙印。在市场改革前，中国居民通常称呼彼此为同志。但随着市场改革的推进，建立在"同志"这种身份认同上的人际关系认同已经逐渐淡化，但在 NS 社区，居民之间依然保持着对"同志"关系的认可与忠诚，而同志情怀似乎依旧是构成其情感关系的重要节点。对此，一位男性居民评论道：

> 以前在工厂上班的时候，大家都是有着共同信仰的同志……现在的年轻人你们可能理解不了，但那个时候我们是真的信仰……我们唯一的心愿就是把自己的青春和热血奉献给毛主席和共产党……那时候厂子里的每一个人都互称同志……我们就梦想着为共产主义事业奋斗终生……对我们这些老同志来

说，那段回忆特别珍贵……我们现在还会偶尔聊一下那段回忆，我们之间能理解，和你们（年轻人）就不行。（访谈）

其次，作为单位制时期所建立的职工宿舍，NS 社区中形成了以家庭和血缘为纽带的亲情关系和朋友邻里关系。在计划经济时期，单位分配职工宿舍时，很多时候会考虑将父母和子女分配到一栋楼上；而在随后也会认同子女继承父母的房产。因此，NS 社区中许多居民之间是父母—子女与兄弟—姐妹的亲缘关系。此外，许多邻居是自父母辈便开始交往的亲密朋友，具有很强烈的感情纽带。对此，NS 社区居委会主任进一步指出：

许多家从祖父那一辈开始就认识了，后来一直就认识，关系很好，在我们的话说就是世交了。所以现在我们这儿邻里之间感情特别深厚，经常相互帮助。（访谈）

最后，作为单位制所遗留下来的社会关系场域，NS 社区也保留着许多传统性的、与快速现代化的城市社会形态所格格不入的特征。这集中表现在一种传统式的人际关系构建方式以及社区归属感的形成方式上。一位 NS 社区的女性居民对此解释道：

现在像电脑还有手机上网这些东西，年轻人可是天天都离不开，可是我们这些人都不太会用。我们也都不怎么上网，都落伍了……所以我们现在还是愿意和老邻居聊聊天，解解闷，看谁家发生了什么新鲜事，聊到有意思的事情大家一块笑一笑，这是我们老人的娱乐方式了吧……我们这儿明显和现在的新小区不一样，他们那儿谁也不认识谁，邻居顶多打个招呼就不错了，哪能像我们这么聊天……我倒是觉得住在我们这儿挺

好的，大家特别和睦，就像一大家，比冷冰冰的楼房里好多了。（访谈）

除了自然而然所形成的社会网络以外，NS社区的社区资本还具有另一个层面：即居委会在日常治理过程中所构建的社区资本。这使得NS社区居委会深深嵌入了NS社区的人际网络当中，并可以将社区资本予以调用且作为治理工具加以运作。首先，以居委会为内核的社区资本构建作为一种自上而下推动的议程而展开。青岛市政府在全市范围内推广"社区邻里节"，通过公共财政资助的方式来鼓励社区为居民举办聚餐、趣味运动会和近郊旅游等形式的社交活动。NS社区也举办了一系列此种活动。居委会主任对其评论道：

> 邻里节不光能让邻居们增进感情，其实也能让我们（居委会）和大家打成一片……大家能感觉到我们是为他们诚心办好事，所以这就增进了感情。（访谈）

NS社区的社会资本构建不仅仅是一项政府议程，也是以居委会主任为主导的治理过程。自现任居委会主任于2000年任职以来，构建与居民的良性互动关系便一直是其重要的工作任务之一。一位NS社区居民对居委会主任评论道：

> 她就像知心朋友一样关心我们……遇到困难就会帮助我们，就像家人一样。（访谈）

同时，一名居委会成员也表示：

(主任)是一个有高度责任心和奉献精神的人,她为了做到让老百姓满意,付出了很多心血,帮助他人、为大家服务,一直做得很好。(访谈)

在社区社会资本的构建过程中,公共财政支持与居委会主任的个人魅力固然重要,但是最核心的则是一种基于互惠的权力关系。对于 NS 社区居委会来说,需要对居民生活的方方面面提供帮助——从解决家庭琐事、调解夫妻矛盾、协助居民就业、申请各项政府补助,这些繁杂而琐碎的事务,都在居委会的职责范围之内。现任 NS 居委会主任也表示,与当地居民建立融洽的互惠关系是开展后续工作的基础:

我上任后的第一件事就是亲自到每户居民家里拜访,先做自我介绍,然后熟悉一下他们家里的情况……以后有能帮上的地方就会提供帮助,这样一来二去就熟悉了,然后大家彼此帮助,就建立了信任。(访谈)

以居委会为核心而构建的社会资本成为社区治理当中重要的工具。这种工具属性主要体现在两个方面:一是对于信息的获取能力。NS 居委会正是通过其在居民中所建立的人际网络来获取信息,了解社区中正在发生的事情,从而灵活调整治理策略。对此,居委会主任说道:

居民是我们的耳朵和眼睛……提供给我们第一手的重要信息。(访谈)

另一位居委会成员补充道,居民提供的信息对居委会开展相关工作至关重要，尤其体现在推行计划生育政策、治理流动人口和拆除违章建筑等方面。他进一步解释道：

> 第一手信息能够帮助居委会在事件发生的第一时间尽可能全面了解情况，掌握违法证据。（访谈）

二是社会资本的工具性也体现在居委会的动员能力上。桂勇指出，正是基于居委会和居民之间的"互惠"关系，志愿服务才得以在中国社区发展起来[①]。也正是由于这种基于互惠关系的动员能力，才使得一系列社区志愿活动在 NS 社区成为可能。例如，当 NS 社区居委会组织社区巡逻队和组建社区食堂时，会有许多居民响应号召。居委会主任对此进一步解释道：

> 居委会平时为居民提供了不少帮助，所以现在他们愿意反过来帮忙……所以当我们邀请居民参加社区会议的时候，组织活动的时候，很多人就来了，也愿意响应我们的号召……说实话，这些活动能顺利进行，离不开我们平时的努力。（访谈）

[①] 桂勇：《邻里政治：城市基层的权力操作策略与国家—社会的粘连模式》，《社会》2007 第 6 期；Charlotte Ikels, *the Return of the God of Wealth: the Transition to A Market Economy in Urban China*, Stanford University Press, 1996; Tianshu Pan, "Neighborhood Shanghai: Community Building in Bay Bridge", *Harvard University Department of Anthropology. Ph. D. Dissertation*, 2002; Benjamin L. Read, "Democratizing the Neighbourhood? New Private Housing and Home-Owner Self-Organization in Urban China", *The China Journal*, 2003；桂勇：《邻里空间：城市基层的行动、组织与互动》，上海书店出版社 2008 年版；Jiangang Zhu, Between the Family and State: Ethnography of the Civil Associations and Community Movements in A Shanghai Lilong Neighborhood, Jiangang Zhu," Between the Family and the State: An Ethnography of the Civil Associations and Community Movement in A Shanghai Lilong Neighborhood", *Phd Dissertation*, *Department of Anthropology*, *the Chinese University of Hong Kong*, 2002。

三 通过社会资本的治理策略:赋权与赋责的双重政策逻辑

在《独自打保龄球》一书中,帕特南提出了其广受赞同的观点,即信任和公民参与是有价值的社会资本并能够促进合作。自此,社会资本的概念吸引了政策制定者的关注,开始进入公共政策的话语体系。此后,社会资本越发被政府官员和政策制定者视为"当下许多社会顽疾的解药"[1]。盖诺(Niamh Gaynor)对此评论道,社会资本进入公共政策视野意味着新自由主义政府对于培养积极公民和开展社会自治的持久性的关注——这种具有自治能力的公民社会"充满了积极向上的价值观,例如合作精神、凝聚力、友爱与和睦,并可以产生令人温暖的归属感,激发团结协作精神"[2]。

其他学者则对社区资本与社区治理提出了更加具有批判性的视角。他们认为,这不仅仅体现了一种"赋权"的过程,更加体现了对社会的"赋责"。正如卡恩斯(Ade Kearns)所指出的那样,社会资本运作的核心是向公民社会赋责[3]。罗斯也对这一观点进行了回应,他指出,"通过社会资本的治理"体现了道德政治学的兴起[4]。在现代社会,"人类从根本上被视为一种伦理生物",被"羞愧、内疚、责任、职责、信任、荣誉、义务"等"共同体伦理"所支配。现代国家的治理过程则建立在这种对于人之本性的巧妙诠

---

[1] Niamh Gaynor, "In-Active Citizenship and the Depoliticization of Community Development in Ireland", *Community Development Journal*, Vol. 46, No. 1, 2009.

[2] Ibid..

[3] Ade Kearns, "Active Citizenship and Local Governance: Political and Geographical Dimensions", *Political Geography*, Vol. 14, No. 2, 1995.

[4] Nikolas Rose, "Community, Citizenship, and the Third Way", *American Behavioral Scientist*, Vol. 43, No. 9, 2000.

第七章　社会资本与社区治理:钉子户的治理策略与治理逻辑

释之上,而这一系列相关的治理方法和技术则被罗斯称之为道德政治学或"一种新的行为政治学"。这种道德政治学的核心是道德权力,其"通过价值观、信仰、情感发挥作用,这三者构成了赋责型的自治与自我治理策略的基石"[1]。

这种赋权与赋责的双重逻辑在青岛的社区治理中也有所体现。在前文中我们曾经提及,青岛市在 2012 年对城市更新策略进行了改革,从依赖政府强制力的强拆模式转型至社区自治模式。这种改革不仅仅是出于中央政府禁拆令的压力,其背后蕴涵着更深层次的治理理性的转变。对此,一位青岛市官员进一步解释道,强拆曾经为各个城市所广为使用,但在现在的背景下则体现了一种"不合时宜的手段"。在访谈中,我们围绕着这一问题和这位官员进行了如下问答对话:

问:"您怎么看待现在的禁止强拆令?"

答:"以前都是这样(强拆),在特定的情境下强拆也是必要的。比如,就有那么一小撮钉子户,怎么也不肯搬,漫天要价,耽误了工程,也耽误了大家的集体利益,所以为了大多数人考虑,强拆是必要的……但是现在我们讲求的是政府不得采用暴力手段……其实我觉得这种规定是非常好的。以前强拆有什么问题呢?那就是政府揽了太多的责任在自己身上,什么都要管……现在我觉得政府意识到了,不管那么多了,把一部分责任交给老百姓自己去负责了。"

问:"这里的老百姓自己负责,或者老百姓的责任,具体指的是什么呢?"

答:"改善自己的居住条件。也就是说要在危旧房改造里

---

[1] Nikolas Rose, "Community, Citizenship, and the Third Way", *American Behavioral Scientist*, Vol. 43, No. 9, 2000.

边发挥自主性。"

问:"老百姓能做些什么呢?您能举个例子吗?"

答:"比如说,做社区的积极分子,配合居委会工作做工作,防止钉子户问题,这是一个非常重要的工作,而且事实证明,老百姓自己内部做工作比外人做工作更容易。"(访谈)

这一段对话从多个角度揭示了政府的治理逻辑。首先,我们可以看到地方官员对于强拆问题的认知。强拆被认为是政府对于"公共利益"或"大多数人的利益"的一种维护手段,是一种出于"善意"的政府治理手段。然而,这也是一种"过时"的、"不合时宜"的政府治理手段,而这种"不合时宜"更多地体现在责任分配而非暴力手段上。具体来说,这种治理逻辑被认为,推动旧城改造进程与治理社会矛盾不应该是政府的责任,而是居民自身的责任。

其次,社区资本的价值被发现和认同。治理"钉子户"被看作是居民的责任——正如这名官员所说,居民应该在解决钉子户的过程中发挥更重要的角色,因为此事与他们的自身利益休戚相关。除此之外,居民也被认为更擅长解决社会矛盾问题——社会资本被看作改善治理的宝贵资源。这一观点也得到了许多其他青岛本地官员的赞同。一位街道办事处的官员对此进一步评论道:

我们平时做工作的时候就发现了,老百姓可能不太信任政府,但他们会信任自己人……老邻居老街坊在拆迁中都是站在一起的,他们平时也很熟悉,所以(老百姓)自己来做工作是最有利的。(访谈)

第七章 社会资本与社区治理:钉子户的治理策略与治理逻辑

最后,我们在访谈其他官员时,也发现了更加有趣的观点。有许多青岛市本地的官员指出,"让老百姓自己负责"其实体现了一种对于计划经济体制之下的集体主义精神的复兴。这一观点在那些年长的公务员中尤其流行。一位从规划部门退休的公务员指出,在计划经济时期,通常会成立一个居民委员会,来协调处理一切日常事务和居民之间的矛盾。这种居民自治和自我管理的方式随着市场经济改革而逐渐淡出政策视野,政府背负了越来越多的治理责任。而现在则应该考虑在城市治理中复兴这种"社会主义传统精神"。他进一步建议,青岛可以在拆迁中组建居民自治委员会,从而充分调动居民自治的活力。这一观点也得到了其他许多官员的赞同。一位区级官员说道:

> 计划经济时期的许多做法还是很有道理的……比如说,那时候流行集体主义,个人服从集体,这种社会风气特别好,个人也有信仰,都觉得不要耽误大家,还是有一定的道德约束的……经济改革也当然也是很有成效的,但是集体主义、群众路线这些东西慢慢地被我们遗忘了……其实这些精华的东西我们应该保留,政府应该想着怎么发展完善这些东西,这都是我党在历史中总结出来的经验。(访谈)

发动居民进行自治的这一思路在 NS 社区中得到了实践。在区级政府的号召下,NS 社区居委会组建了"居民自治小组",来负责劝说钉子户的工作。在实践中,NS 社区居民是如何开展游说的?这种居民游说又何以生效?我们将在接下来的部分揭示社区游说劝说过程的权力基础以及社会资本在治理中的具体运作逻辑。

四　劝说钉子户：象征性权力的创造性运作

人际关系是一把双刃剑。[1]

——波茨（Alejandro Portes）

菲尔德（John Field）指出，"目前关于社会资本的研究大多关注其积极的一面，相比之下，对于社会资本的阴暗面和负面效应则依旧是研究的未知领域"[2]。在论述社会资本的负面效应时，菲尔德引用了波茨（Alejandro Portes）的观点，即"人际关系是一把双刃剑"[3]。一方面，人际关系与社会资本可能会形成一致对外的负面社会效应。进一步来说，在特定的情形下，社会资本可能会形成基于小团体的负面运作。例如，一群罪犯可能形成合作，从而使得社会上产生"有组织的犯罪的受害者"；同时，"团体内部的身份认同感也可能导致其成员形成对外人的难以扭转的刻板印象"[4]。对于这种"社会资本的扭曲效应"，菲尔德进一步评论道，人与人之间的社会联系可能会促使他们联合起来抵抗非内部的一切，"社会资本可能会成为一种不断生成稳定的负外部性的系统"[5]。

除了菲尔德所提及的负外部性，另一方面，社会资本与人际关系所产生的负面影响也体现在其内部性上。正如布尔迪厄（Piene Bourdieu）所指出，社会资本在治理过程中也会导致等级权力关系

---

[1] Alejandro Portes, "Social Capital: Its Origins and Applications in Modern Sociology", *Annual Review of Sociology*, Vol. 24, No. 1, 1998.

[2] John Field, *Social Capital*, London: Routledge Press, 2003, p. 71.

[3] Alejandro Portes, "Social Capital: Its Origins and Applications in Modern Sociology", *Annual Review of Sociology*, Vol. 24, No. 1, 1998; John Field, *Social Capital*, London: Routledge Press, 2003, p. 72.

[4] John Field, *Social Capital*, London: Routledge Press, 2003, p. 71.

[5] Ibid., pp. 82 - 84.

的再生产和层级控制的重构①。进一步来说，基于友情、互惠关系和信任之上的社会资本，有可能会产生被迫服从的情景，这种被迫服从可能是出于内部的等级关系，也可能是出于个人对于集体性的被迫服从。在 NS 社区中，邻里的劝说行动是否体现了布尔迪厄所说的这种社会资本的内部负面效应？

正如前文所述，NS 社区的社会资本是建立在亲缘关系、友情、共同记忆和居民—居委会互惠等多维度关系之上。在组建居民自治小组时，NS 社区居委会为了最大限度地调用社会资本，构建了一个由年长者、具有威信者，以及社区的积极分子组成的社区居民自治小组。自治小组成立以后，开始在 NS 社区居委会的领导下动员钉子户，而其行动则充分体现了社区治理过程中对于象征性权力的创造性运作。根据布尔迪厄和华康德（Loïc Wacquant）的观点，象征性权力体现为一系列"不证自明的，普世性的"的假定和公理，这些假定和公理为人们所接受，是因为其符合人们"关于这个世界的前反思假设"②。布尔迪厄和华康德也表示，政治系统往往通过行为引导来行驶这种象征性权力，他们称此治理途径为"通过事物的秩序轻而易举地"发挥作用的"隐藏的说服活动"③。

这种象征性权力和象征性秩序也是 NS 社区居民自治小组的权力来源和行动逻辑。首先，自治小组发挥着"长者权威"的影响力。居委会主任动员了社区中的几位年长者加入小组，因为：

这几个老人家和好几家有亲戚关系，他们做起工作来比较

---

① Pierre Bourdieu, "The Forms of Capital (1986)", *Cultural Theory: An Anthology*, No. 1, 2011; Bob Edwards, Michael W. Foley, "Social Capital and the Political Economy of Our Discontent", *American Behavioral Scientist*, Vol. 40, No. 5, 1997; Sarah EL. Wakefield, Blake Poland, "Family, Friend or Foe? Critical Reflections on the Relevance and Role of Social Capital in Health Promotion and Community Development", *Social Science & Medicine*, Vol. 60, No. 12, 2005.

② Pierre Bourdieu, "Symbolic Violence", *Critique of Anthropology*, Vol. 4, No. 13 - 14, 1979.

③ Ibid..

方便……而且和好多家都认识，尤其还和他们的父母辈是朋友……一般来说，年龄大的老人能说得上话。（访谈）

NS 社区居委会也邀请了另外一名具有影响力的年长者加入了自治小组。他不仅仅是 NS 社区里唯一具有大学教育背景的人，也是印染厂的老厂长。事实证明，老厂长在劝说钉子户的过程中发挥了重要作用，这不仅仅是出于大家对于长者的尊重，也是由于他的个人能力和个人魅力。对此，一位女性居民解释道：

> 他以前是我们厂的大领导，大英雄……他当上领导后，一点没有官架子，对我们特别好……所以现在即使他退了下来，大家也很尊重他……他说话那些人（钉子户）还是愿意听的，大家觉得给老人儿一个面子吧。（访谈）

除了长者权威之外，居民自治小组运作所依赖的第二个象征性权力纬度则来自于家庭伦理秩序。家庭是最具代表性的象征性权力场域之一，具体表现为深藏在家庭内部不同角色之间的等级秩序，例如父母和孩子，丈夫和妻子。家长制文化在中国社会中占据主导地位，在古代中国，子女服从于父亲或男性家长的意志被视为理所当然的事情。这种控制与服从的关系被中国人称为"孝"。"孝"文化统治了上千年的家庭伦理关系，正如汉密尔顿（Gary Hamilton）指出，在中国社会，"孝"意味着一种"宇宙的永恒准则，天地万物皆无法逃避"[1]。

这种传统的家庭伦理秩序与中国"孝"文化也被巧妙地运用到劝说活动当中。例如，当居民自治小组遇到一位难以说服的钉子户

---

[1] Gary. G. Hamilton, "Patriarchy, Patrimonialism, and Filial Piety: A Comparison of China and Western Europe", *British Journal of Sociology*, Vol. 41, No. 1, 1990.

第七章 社会资本与社区治理：钉子户的治理策略与治理逻辑

家庭之后，开始转向劝说这户家庭男主人的父亲。在居民自治小组中，有一位女性居民与男主人的父亲多年来保持着较为密切的联系。通过这位女性居民，自治小组将老父亲从青岛的另外一个市区请到 NS 社区，当面对儿子一家进行劝说，并成功地使这户家庭放弃了继续"钉"在社区中。在我们采访这户家庭的男主人时，他表示，之所以同意搬迁，正是因为对于这种"家庭伦理"的考量：

> 老父亲的话咱们得听……我爸都 80 多岁了，他当时还挺生气的……他们很有办法，把我老父亲大老远找过来，所以他让我签我就得签了……要不然那不成了不孝了。（访谈）

人情与面子则是 NS 社区居民自治小组游说行为的第三个象征性权力基础。正如桂勇所指出的那样，中国社区居委会的日常工作建立在社区积极分子的有效工作之上，这是一群愿意、并且能够协助居委会的热心居民[1]。在社区治理过程中，最重要也是最高效的一种社会资本则是建立在社区积极分子、居委会与居民的互惠关系之上的。在 NS 社区共有 9 名积极分子。他们在日常工作中给予了居委会许多帮助——例如，向居民分发计划生育手册，通知居民参加居委会举办的社区会议，以及向居委会成员传递小道消息等。这些行为使得 9 名积极分子在居委会和居民中构建了互惠关系。

在劝说过程中，积极分子们也充分调用了这种互惠关系，他们所用的经典话语即"给我个面子"，"就当帮我个忙"。对此，一名女性积极分子进一步讲道：

> 这么多年来，我对这个社区一直是真心诚意奉献的，平时

---

[1] 桂勇：《邻里政治：城市基层的权力操作策略与国家—社会的粘连模式》，《社会》2007 年第 6 期。

都是无偿付出，不图回报……扪心自问，我也自觉对得起大家，平时谁家有困难，我肯定第一时间能帮就帮，尽个人最大努力吧……这点大家肯定都能体会到，谁也不是睁眼瞎……所以后来我就拉下面子来，跟他们（钉子户）说就当帮我一个忙，快别撑着了，快点签了（搬迁协议）得了……大家也都买我的账，我也觉得挺有成就感的，说明大家还是认可我的。（访谈）

当面对社区积极分子的这种"给我个面子"的话语逻辑时，一些钉子户觉得难以拒绝，因为他们卷入了人情面子的象征性权力体系中。我们也采访了被上述这名女性积极分子所劝说的钉子户家庭的男性户主，他解释了这种"服从逻辑"：

她（女性积极分子）来到我家说，你就签了（拆迁补偿协议）吧，就当给我个面子……她这么说，我真的磨不开面子了……平时我们关系特别好，有一次我媳妇急病，是她送人去的医院，这才救回一条命……所以她来劝我，我只能叹气……我觉得补偿不合理，我们家都这么觉得，但是想想还是算了，要是只知道要钱，不给（她）面子，不领情，那我成什么人了，对不对？（访谈）

在人情与面子这一维度上，最能够体现伴随着社会资本再生产过程的等级秩序和不公正的再生产。与其他居民相比，NS社区的积极分子拥有着更高水平的社会资本。而对居委会工作的协助则是他们积累社会资本的重要途径。这回应了布尔迪厄的观点，即社会资本通过人际间多次的联系和互动而得以再生和蔓延[1]。对此，一位积极分子言道，参与居委会工作让她从邻里和居委会那里赚取了大量"人情"：

> （居委会）主任经常说，她欠我一个大人情，因为我天天帮他们处理各种杂事儿，并且没有一分钱报酬……有一次，就是老王他们家求我帮他儿子找工作，我想来想去怎么办呢，就去求主任，然后这件事就解决了，（主任）给了我个面子……这些你来我往的感情，街坊邻居和居委会主任都对我特别感激……说实话我也挺有成就感的。（访谈）

协助居委会工作甚至帮助积极分子们极大地拓展了纵向的社会资本，对此，一位年长的男性积极分子解释道：

> 给居委会帮忙也是件好事，我和街坊邻居还有社区（居委会）里边的人都混熟了……而且有时候上边（政府部门）下来检查工作啊，找居民代表谈话啊，都让我去，我还代表咱们这儿（小区）去区里边汇报过工作呢……所以我现在连区里边的领导都认识了，一般人还真不行。（访谈）

传统观点认为社区自治过程依赖的是人们的志愿精神。而鲍尔斯（Herbert Gintis）和金迪斯（Samuel Bowles）则提出了不同的观点，他们认为，"支持个人参与社区治理的动机可能是自私动力，也可能利他主义，也可能是两者的共同作用力"[2]。在 NS 社区中，

---

[1] Pierre Bourdieu, "The Forms of Capital (1986)", *Cultural Theory: An Anthology*, Vol. 1, 2011.

[2] Samuel Bowles, Herbert Gintis, "Social Capital and Community Governance", *The Economic Journal*, Vol. 112, No. 483, 2002, F419–436, F419.

积极分子的行动逻辑也是被二者所驱动的。当然，他们参与居委会的日常工作、响应号召对钉子户进行游说体现了其志愿精神和服务奉献精神。但另一方面，自利的动机也发挥着重要作用。9位积极分子都十分期待拆迁改造，也对现有的补偿标准十分满意，他们希望能够尽快拆除旧房子住上新房子，因此愿意加入劝说钉子户的工作中。此外，加入自治小组也是继续强化与居民、居委会甚至上级政府部门之间的联系、积累社会资本的好机会。对此，一位男性积极分子进一步解释道：

> 我觉得补偿条件已经足够好了，有些邻居感到不公平是因为他们并不了解政策。我愿意给他们普及，告诉他们赶紧签约对他们自己来说有利无害。我觉得这么做就是为居民办好事，谋福利……当然这也是在给主任帮忙……（街道办事处）书记其实也找我们谈过话的……以后大家还是朋友，还可以彼此帮助。（访谈）

在NS社区的居民自治和游说过程中，象征性权力运作的第四个基础是自尊心。许多"钉子户"指出，他们其实并不满意补偿政策，之所以同意搬迁，是因为迫于"集体意见"的压力。对此，一位来自"钉子户"家庭的女性说道：

> 后来我们一看，大家都签了，就剩下我们这几家……我们一直是随大流的，这样一看有点慌了，也有点不好意思……后来我们一商量，还是签了吧，老邻居老街坊了，还是给自己留点面子吧。（访谈）

NS社区居委会也十分巧妙运用了这种自尊心，设计采用了

第七章　社会资本与社区治理：钉子户的治理策略与治理逻辑

"公开展示"的方式来应对钉子户。在劝说活动进行的同时，NS 社区居委会在社区的公示栏上张贴了一张补偿协议签订进度公示表，该表标注了已经签订补偿协议的所有住户，而未签协议的家庭也被醒目地凸显出来（见图 7—1）。此举使钉子户家庭深感内疚和不安。谈及这一点，一位男性居民称，

> 我每次路过，都能看到（这张表）……我感觉特别羞愧，就跟公开行刑没区别，感觉自己成了一个犯人似的。（访谈）

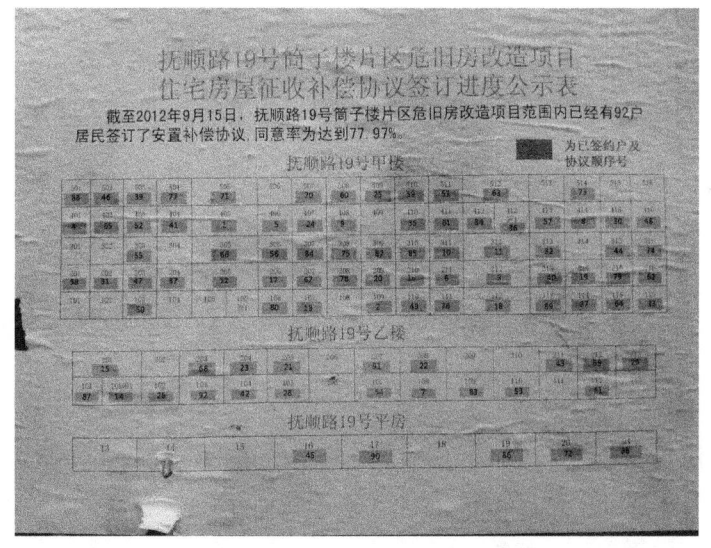

资料来源：作者拍摄

图 7—1　NS 社区房屋征收补偿协议签订进度公示表

与此同时，公开补偿协议签订进度信息，也使得钉子户家庭面临了来自邻居的压力，这也进一步强化了钉子户家庭所面临的羞愧感。一位年老的男性居民说，自从这张表张贴出来以后，很多老邻居就不再和他讲话了，并有意识地无视他，这让他感到前所未有的紧张、压抑，充满了不安全感：

· 173 ·

（公示表张贴之后）所有人一夜之间改变了对我的态度，每个人都排斥我……在小区院子里碰见老邻居时，他们都给我白眼，也不跟往常似的热情招呼……我和老刘都三十多年的老相识了，他也是这个态度。有一次我和他主动打招呼，他脸色也特别难看……大家的态度很明显……那段时间真的是挺难过的，我就经常一个人在家，也不爱出门……后来想想，何苦呢，就签了吧。（访谈数据）

在这场居委会动员下的居民自治行动中，通过调用社会资本，运用象征性的权力，成功地劝说了钉子户签订协议、迁出旧居。2012年10月底前，全部居民都迁出了NS社区，之后拆迁工作正式开始（见图7—2）。这种社区自治形式在NS社区得以试验成功，社会资本被证明是治理社会矛盾的有效工具，并有效避免了暴力手段的滥用。

资料来源：作者拍摄

图7—2 拆迁中的NS社区

第七章　社会资本与社区治理:钉子户的治理策略与治理逻辑

五　本章小结:社区治理中的社会资本及其运作

本章讨论了旧城改造过程中社区自治模式的具体实践过程。在NS社区中,这种自治模式通过组建居民自治小组而得以实现。自治小组在劝说钉子户、化解拆迁过程中的社会矛盾中起到了重要的作用。这一自治过程也体现了社会资本的工具化——社会资本越发被视为开展治理的宝贵资源和重要平台中介。

本章也试图解答这样一个问题,即社会资本何以发挥作用? 更具体来说,NS社区的居民劝说为什么会有效? 在NS社区的案例中,我们发现了社会资本生效的四个维度,即长者权威、家庭伦理秩序、人情面子与自尊心。这一系列社会资本体现了一种象征性权力,将人们卷入一种普世的规则逻辑和服从的潜意识当中。

而在社会资本的构建以及社会资本的生效过程中,居委会发挥着无法替代的核心作用。一方面,社会资本与人际网络关系正是以居委会为核心得以不断地再生产。同时,也是居委会将社会资本创造性地再造成治理工具——或者说,NS居委会敏锐地意识到了长者权威、家庭伦理秩序、人情面子与自尊心对人们的影响力,并成功地将其捕获转化为治理资源。最后,也是最重要的一点,我国社区居委会发挥着重要的治理平台作用,将微观层面的人际关系和那些"个体经历与日常活动"与宏观层面的治理过程建立联系,从而推动了城市治理体系和治理能力的现代化进程[1]。

---

[1] John Field, *Social Capital*. London: Routledge Press, 2003.

第八章

研究结论与展望：我国城市更新中的治理逻辑与治理技术

　　这本书旨在探索我国内城改造中的治理转型问题，并揭示社区居委会在其中所发挥的作用。为了这一目的，我们选取了青岛市NS社区在2011年的改造项目作为案例，对NS社区居委会的行动逻辑与行动策略展开了实地调查。在NS社区的拆迁过程中，不再采用通常所惯用的政府强制力量，而是通过社区自治和居民动员来辨识并化解社会矛盾。在这一治理转型的过程中，NS社区居委会发挥了关键的作用——即通过社区动员、协商参与和居民自治，将在地矛盾边缘化与柔化。在此基础上，我们也进一步讨论了新自由主义治理术的理论内涵及其在中国城市治理过程中的体现。

　　通过青岛市的实证研究，本书不仅仅旨在发现青岛城市空间生产与城市治理的独特性，而是对我国城市治理的转型进行更加深入的、宏观的理论探讨，尤其对我国城市治理的政策理性、行动逻辑、权力模式与治理技术之间内在关联性进行探索。本书围绕着这一核心目的进行了讨论，我们在这里可以将其总结为以下三个方面：我国城市更新政策的改革与我国城市治理的转型，中国特色的（新自由主义）治理术的具体表现，以及居民个人在城市更新中的个人体验与话语表达。

第八章 研究结论与展望：我国城市更新中的治理逻辑与治理技术

一 "通过社区的治理"：我国城市更新与城市治理转型

我国的社区建设开始于 2000 年左右，是一场中央政府主导下的自上而下的改革实践。这一场改革旨在回应我国城市社会的转型与变化。通过社区建设，有效的治理得以在政府职能缩减与重构的背景下开展，同时将日益多元的、流动性的城市人口纳入到城市治理体系当中来。瑞德（Benjamin Read）指出，中国城市社区居民委员会运作在国家职能收缩而遗留下的治理空白中[1]。我们对青岛市 NS 社区居委会的研究验证了这一观点。NS 社区承接了公共服务提供、社区安全、计划服务、环境卫生和违章监督（例如社区违章建筑）等一系列下放的政府职能，在城市治理中发挥着越发关键的作用。

许多学者对中西方的社区治理实践进行了对比研究，并指出二者在治理逻辑和治理理性上具有许多相似性。首先，在社区功能方面，中西方的城市社区都作为政府之外的治理场域与公共政策的试验场域而发挥作用。在青岛，NS 社区居委会在社区建设、居民动员与促进自治活动方面发挥着核心作用，由此形成了类似于西方社会中的政府—社会之间的合作和伙伴关系[2]。NS 社区是青岛探索社区治理和基层自治的试验场[3]，成为青岛市推动社区志愿服务与居民参与等政策改革的先锋。在 2012 年，NS 社区再次成为了青岛市

---

[1] Benjamin L. Read, "Revitalizing the State's Urban 'Nerve Tips'", *The China Quarterly*, Vol. 163, 2000.

[2] David Bray, "Building 'Community': New Strategies of Governance in Urban China", *Economy and Society*, Vol. 35, No. 4, 2006.

[3] Nikolas Rose, *Powers of Freedom: Reframing Political Thought*, Cambridge University Press, 1999.

旧城改造治理方式与社会矛盾治理方式改革的政策试验场域。

其次,赋权与赋责的双重治理理性不仅仅贯穿西方社区发展实践的始终,也主导着我国的社区建设思路。比起表面上的向社区赋权的政策话语,社区治理更多地体现了向下赋责的逻辑。在旧城改造与城市拆迁过程中,社区被认为是有着宝贵资源的治理场域,可以比政府更加有效地辨识与应对社会矛盾。这种理性支撑着政府向社区赋权的过程。另一方面,应对钉子户、推动拆迁过程顺利开展被认为是居民自身应承担的责任,这也即赋责过程的体现。"道德政治"的逻辑与话语伴随着我国政府职能重塑与政府—社会关系的转型。

最后,中西方背景下的另外一个相似之处则是一系列新的治理技术的出现,它们体现了政府权力的重构,使得政府得以有效地实现对社区场域的"远程治理"。对此,克拉克(John Clarke)和纽曼(Janet Newman)进一步评论道,随着政府职能下放到非政府组织和志愿组织等其他治理场域,国家同时加强了其协调和监督的能力。[1] 在 NS 社区居委会的案例中,这种远程治理技术体现在绩效评估、竞争性资金和人事管理方面。通过这些方式,青岛市成功地塑造了居委会及其工作人员的"规制下的自主性"(regulated autonomy),从而使得居委会的行为遵从自我规制的逻辑[2]。在 NS 社区,正是这一系列远程治理技术塑造了居委会行为的有效性,并使得自上而下的议程得以在基层有效执行。

中国的社区治理过程也具有自身的特殊性。这种特殊性集中体现在我国社区居委会的"类行政性"和其行为逻辑的"行政化"上。瑞德则直接将中国的居民委员会定义为准政府组织和"基层行

---

[1] John Clarke, Janet Newman, *The Managerial State: Power, Politics and Ideology in the Remaking of Social Welfare.* Sage, 1997.

[2] Ibid..

政机构"①。在 NS 社区，居委会也不可避免地卷入了官僚等级体制的行动逻辑当中去。这不仅仅体现在表面上的一系列议程中，例如参加政府会议、执行文件盖章工作和执行自上而下的行政命令，也体现为更深层次的对上的责任性（accountability）。也正是因为这种对上的责任性，NS 社区居委会在拆迁过程中优先执行着上级政府给予的政策目标——柔化和消解社会矛盾。相比之下，其自下而上的代表性则体现的并不明显。

在发达资本主义国家，社区治理过程所凭借的是人们的志愿精神，而在我国则体现为居委会与居民之间的互惠关系。这也是我国社区治理的第二个独特性。桂勇认为，中国居民委员会与居民的互惠关系是引导基层动员的动力源泉②。这种互惠关系是以居委会所具有的行政组织特性为基础的，建立在其对行政资源的可获取性和对政府权威的共享性之上。在 NS 社区，居委会与居民建立了信任、友谊和互助关系，这也构成了一种以居委会为核心的社会资本，成为社区治理的重要资源③。在应对钉子户问题时，NS 社区居委会充分调用这种社会资本，通过动员居民组成自治小组，来成功地游说钉子户妥协。

通过对青岛 NS 社区居委会的实证研究，我们剖析了我国城市社区治理的过程与逻辑。我们不仅仅讨论了居委会行动逻辑的前提决定条件，也讨论了居委会在具体治理过程中的策略与手段。或者说，我们即对社区治理中的治理理性、权力结构与行动策略进行了综合性的分析。总的来说，我国社区居委会在城市治理中促成了工

---

① Benjamin L. Read, "Revitalizing the State's Urban 'Nerve Tips'", *The China Quarterly*, Vol. 163, 2000.

② 桂勇：《邻里空间：城市基层的行动、组织与互动》，上海书店出版社 2011 年版。

③ Ade Kearns, "Active Citizenship and Local Governance: Political and Geographical Dimensions", *Political Geography*, Vol. 14, No. 2, 1995; Niamh Gaynor, "In-Active Citizenship and the Depoliticization of Community Development in Ireland", *Community Development Journal*, Vol. 46, No. 1, 2009.

具性的社区参与，也黏合了宏观治理逻辑与社区中的个人行动。

二 中国特色的治理术

20世纪90年代以后，越来越多的学者开始关注福柯所提出的治理术理论，并通过这一理论视角来解读新自由主义治理转型。新自由主义被看作是一系列政府思考范式与治理技术，它们的核心特征表现为市场价值、个人自由和选择为核心的治理逻辑。新自由主义转型被解读为国家权力重组的过程，这一过程最终使得国家必须也能够实现"远程治理"。进一步来说，在新自由主义转型中，国家从干预主义变成了赋权型治理，与之相伴随的则是对于积极公民、负责任的公民和自制公民的一系列政治想象、政策话语和治理实践。虽然关于福柯主义的新自由主义政府治理术的研究逐年增多[①]，但现有研究鲜有针对中国（新自由主义）治理转型的讨论。

本书试图揭示这种福柯主义（新自由主义）治理术在中国的体现。在青岛，过去那个全知全能、全面干预社会生活的国家形象已经逐渐淡去，与之相伴的则是社区的崛起[②]。在我们的案例中，NS社区发挥着政府之外的治理场域的作用，在应对诸如失业、流动人口和社区安全等社会问题方面，扮演着无可替代的角色。中国的社区居委会也具有治理的专业性——这主要体现在其对本地居民的了解、对与社会网络的有效利用、对于社区风险的可预知能力以及一系列基于经验的基层治理智慧上。正如用布雷（David Bray）所评论的那样，"中国的社区已经成为赋权型、服务型、高效型和效益

[①] Mitchell Dean, "Liberal Government and Authoritarianism", *Economy and Society*, Vol. 31, No. 1, 2002.

[②] Ibid..

第八章 研究结论与展望:我国城市更新中的治理逻辑与治理技术

型政府的一种资源"①。

我们的研究也试图打开社区治理以及居委会权力运作的黑箱。我国的社区治理凭借何种权力模式而得以成功开展？我国城市居委会为何可以开展动员和游说等一系列社区行动？通过对 NS 社区居委会的调查，我们提出了一种社区社会资本的运作逻辑。这种社会资本即包括建立在人们共同记忆、长期交往和亲情友情之上的自然而然形成的关系纽带，也包括以居委会为核心的建立在互惠关系之上的人情权力网络体系。而后者则是我国社区治理得以开展的平台。在 NS 社区的拆迁过程中，居委会创造性地运用了长者权威、家庭伦理秩序、人情面子与自尊心对人们的影响力，并将其转化为自身的权力与治理能力。因此，我国社区治理过程也体现了规制性权力的运作与"通过个人自由"的治理模式②。

三 经历城市更新:居民城市权利与话语表达

20 世纪 90 年代以后，中国开始经历了快速的城市化与大规模的内城更新运动，并吸引了中外学者的关注。然而，已有研究更多集中于宏观层面的城市问题，例如中国城市空间的生产逻辑、城市规划理性，及其所面临的中产阶层化过程与城市社会空间分化等问题。对于微观层面的个体的经历却缺少关注。我们的研究则通过描述青岛市 NS 社区的拆迁过程，呈现了居民个人在内城更新中的经历、话语与权利问题。

首先，我们的研究发现，权利博弈、利益冲突与社会矛盾是我国内城更新所伴随的问题，也是我国城市主义重要的组成部分。这

---

① David Bray, "Building 'Community': New Strategies of Governance in Urban China", *Economy and Society*, Vol. 35, No. 4, 2006.

② Nikolas Rose, *Powers of Freedom: Reframing Political Thought*, Cambridge University Press, 1999.

种社会矛盾体现在不同的维度。这是一种对经济利益的争议,涉及如何分配城市发展利益与土地增值价值,而其通常体现在城市拆迁中居民对补偿价格的诉求上。此外,城市更新所引发的社会矛盾也是一种对政治权利的争夺,集中体现为城市中心区域的居住权利上。我国的城市主义也涉及对于城市发展价值观的争议上,即城市空间再生产过程究竟是遵循交换价值的逻辑还是使用价值的逻辑。

其次,我们也讨论了伴随着城市更新政策改革和城市治理转型,居民的城市经历是如何发生变化的。在2010年以前,强制性拆迁和行政强制力量推动着快速的城市化进程,也迫使许多城市居民经历了强制权力所带来的无力感和边缘化等问题。在2010年以后,伴随着城市治理方式的改革,城市更新中越发鼓励社区参与和居民动员[1]。在 NS 社区,居民通过不同的方式参与了政策过程,但更多的是一种工具导向的、政策框架既定的参与,发挥着"橡皮图章式"与塑造社区一致性意见的作用。此外,我们也关注了内城更新中一类特殊群体的体验,即钉子户群体。我们揭示了他们从反抗到妥协的过程,并讲述了其中的象征性权力的运作逻辑及其对钉子户群体的影响力[2]。

四 迈向未来的政策议程

在过去的几十年中,中国的城市经历了快速的现代化和社会变迁。伴随着现代化的城市风貌和迅速建成的城市基础设施,一系列城市社会问题涌现出来,为我国的城市治理提出了新的挑战。其中,最具挑战性的则是伴随着内城更新和大规模的城市拆迁而出现

---

[1] Bang Hyun Shin, "Living on the Edge: Financing Post-Displacement Housing in Urban Redevelopment Projects in Seoul", *Environment and Urbanization*, Vol. 20, No. 2, 2008.

[2] Pierre Bourdieu, Jean Claude Passeron, "Foundations of A Theory of Symbolic Violence", *Reproduction in Education, Society and Culture*, 1977.

的社会矛盾与争议。2010年左右,由中央政府所主导的一系列改革措施成功地推动了城市治理实践的创新与转型。虽然这些治理改革措施依旧存在着诸多问题,但其体现了城市公共政策对于公平、正义、和谐等一系列价值观的思考与回应。

社区自治和居民参与成为新一轮城市治理改革的前沿阵地。虽然这种参与更多体现了工具性的治理过程,虽然社区协商更多的起到合法化的目的,虽然居民动员更多地回应了自上而下的政策议程,但是这一系列改革无疑指向了更加积极的政策改革方向。城市规划与城市治理是具有内在的政治性与价值倾向的政府行为,如何贯彻以城市权利为核心的治理过程,则是我们在未来的城市发展过程中需要不断探索和思考的问题。

参考文献

中文参考文献：

陈映芳：《棚户区：记忆中的生活史》，上海古籍出版社2006年版。

桂勇：《邻里政治：城市基层的权力操作策略与国家—社会的粘连模式》，《社会》2007年第6期。

桂勇：《邻里空间：城市基层的行动、组织与互动》，上海书店出版社2008年版。

贾和亭：《"小政府 大社会"带给深圳什么》，《中国改革》2002年第7期。

姜继为：《论张东荪民国初年的"小政府大社会"国家观》，《江汉论坛》2008年第6期。

罗朝慧、丁彦敏：《"小政府大社会"思想在我国行政改革中的三种认识误区》，《内蒙古财经大学学报》2004年第2期。

朱健刚：《国与家之间上海邻里的市民团体与社区运动的民族志》，社会科学文献出版社2010年版。

英文参考文献：

Adam Yuet Chau, "An Awful Mark: Symbolic Violence and Urban Renewal in Reform-Era China", Visual Studies, Vol. 23, No. 3, 2008.

Ade Kearns, "Active Citizenship and Local Governance: Political and

Geographical Dimensions", *Political Geography*, Vol. 14, No. 2, 1995.

Alan Smart, Josephine Smart, "Local Citizenship: Welfare Reform Urban/Rural Status, and Exclusion in China", *Environment and Planning A*, Vol. 33, No. 10, 2001.

Alejandro Portes, "Social Capital: Its Origins and Applications in Modern Sociology", *Annual Review of Sociology*, Vol. 24, 1998.

Alejandro Portes, Patricia Landolt, "The Downside of Social Capital", *The American Prospect*, Vol. 7, No. 26, 1996.

Alexander Mitscherlich, *Die Unwirtlichkeit Unserer Städte: Anstiftung Zum Unfrieden*, Frankfurt: Suhrkamp, 1965.

Ambe J. Njoh, "Urban Planning as a Tool of Power and Social Control in Colonial Africa", *Planning Perspectives*, Vol. 24, No. 3, 2009.

Andrej Holm, Armin Kuhn, "Squatting and Urban Renewal: the Interaction of Squatter Movements and Strategies of Urban Restructuring in Berlin", *International Journal of Urban and Regional Research*, Vol. 35, No. 3, 2011.

Andrew G. Walder, "Property Rights and Stratification in Socialist Redistributive Economies", *American Sociological Review*, 1992.

Andrew G. Walder, "The Decline of Communist Power: Elements of a Theory of Institutional Change", *Theory and Society*, Vol. 23, No. 2, 1994.

Andrew Kipnis, "Neoliberalism Reified: Suzhi Discourse and Tropes of Neoliberalism in the People's Republic of China", *Journal of the Royal Anthropological Institute*, Vol. 13, No. 2, 2007.

Anna Badyina, Oleg Golubchikov, "Gentrification in Central Moscow- a Market Process or a Deliberate Policy? Money, Power and People in

Housing Regeneration in Ostozhenka", *Geografiska Annaler: Series B, Human Geography*, Vol. 87, No. 2, 2005.

Anne Haila, "Real Estate in Global Cities: Singapore and Hong Kong as Property States", *Urban Studies*, Vol. 37, No. 12, 2000.

Anne Haila, "Why Is Shanghai Building a Giant Speculative Property Bubble?", *International Journal of Urban and Regional Research*, Vol. 23, No. 3, 1999.

Anthony D. King, "Colonialism, Urbanism and the Capitalist World Economy", *International Journal of Urban and Regional Research*, Vol. 13, No. 1, 1989.

Anthony King, *Spaces of Global Cultures: Architecture, Urbanism, Identity*, Routledge, 2004.

Ash Amin, "Local Community on Trial", *Economy and Society*, Vol. 34, No. 4, 2005.

Barry Naughton, "The Decline of Central Control over Investment in Post-Mao China", *Policy Implementation in Post-Mao China*, 1987.

Barry Naughton, *Growing Out of the Plan: Chinese Economic Reform, 1978 – 1993*, Cambridge University Press, 1996.

Benjamin L. Read, "Democratizing the Neighbourhood? New Private Housing and Home-Owner Self-Organization in Urban China", *The China Journal*, 2003.

Benjamin L. Read, "Revitalizing the State's Urban 'Nerve Tips'", *The China Quarterly*, Vol. 163, 2000.

Bent Flyvbjerg, "Five Misunderstandings about Case-Study Research", *Qualitative Inquiry*, Vol. 12, No. 2, 2006.

Bishwapriya Sanyal, *Comparative Planning Cultures*, Routledge, 2005.

Blake Poland, "Social Capital, Social Cohesion, Community Capacity, and Community Empowerment", Variations on a Theme", *Settings for Health Promotion*: *Linking Theory and Practice*, Newbury Park, Ca: Sage, 2000.

Bob Colenutt, Austen Cutten, "Community Empowerment in Vogue or Vain?", *Local Economy*, Vol. 9, No. 3, 1994.

Bob Edwards, Michael W. Foley, "Social Capital and the Political Economy of Our Discontent", *American Behavioral Scientist*, Vol. 40, No. 5, 1997.

Bob Jessop, "Liberalism, Neo-Liberalism and Urban Governance: a State Theoretical Perspective", *Antipode*, Vol. 34, No. 3, 2002.

Bob Jessop, "Post-Fordism and the State", *Post-Fordism*: *a Reader*, 1994.

Bong-Ho Mok, "Grassroots Organising in China: the Residents' Committee as a Linking Mechnism between the Bureaucracy and the Community", *Community Development Journal*, Vol. 23, No. 3, 1988.

Braimah R. Farouk, Mensah Owusu, "If in Doubt, Count: the Role of Community-Driven Enumerations in Blocking Eviction in Old Fadama, Accra", *Environment and Urbanization*, Vol. 24, No. 1, 2012.

Brian J. Berry, "Islands of Renewal in Seas of Decay", *The New Urban Reality*, 1985.

Catherine Marshall, Gretchen B. Rossman, "Data Collection Methods", *Designing Qualitative Research*, 1995.

Chantal Mouffe, *On the Political*, Psychology Press, 2005.

Charles Taylor, "Modern Social Imaginaries", *Public Culture*, Vol. 14, No. 1, 2002.

Charlotte Ikels, *The Return of the God of Wealth*: *the Transition to a Market Economy in Urban China*, Stanford University Press, 1996.

Chin-Chuan Lee, *Chinese Media, Global Contexts*, Routledge, 2003.

Ching Kwan Lee, "Rights Activism in China", *Contexts*, Vol. 7, No. 3, 2008.

Choon-Piew Pow, "Neoliberalism and the Aestheticization of New Middle-Class Landscapes", *Antipode*, Vol. 41, No. 2, 2009.

Choon-Piew Pow, Lily Kong, "Marketing the Chinese Dream Home: Gated Communities and Representations of the Good Life in (Post-) Socialist Shanghai", *Urban Geography*, Vol. 28, No. 2, 2007.

Chris Hamnett, "Gentrification and Residential Location Theory: a Review and Assessment", *Geography and the Urban Environment: Progress in Research and Applications*, Vol. 6, 1984.

Chris Hamnett, "The Blind Men and the Elephant: the Explanation of Gentrification", *Transactions of the Institute of British Geographers*, Vol. 16, No. 2, 1991.

Christian Maravelias, "Post-Bureaucracy-Control through Professional Freedom", *Journal of Organizational Change Management*, Vol. 16, No. 5, 2003.

Cindy M. Bird, "How I Stopped Dreading and Learned to Love Transcription", *Qualitative Inquiry*, Vol. 11, No. 2, 2005.

Colin Mcfarlane, "The Comparative City: Knowledge, Learning, Urbanism", *International Journal of Urban and Regional Research*, Vol. 34, No. 4, 2010.

Cris Shore, "Audit Culture and Illiberal Governance Universities and the Politics of Accountability", *Anthropological Theory*, Vol. 8, No. 3, 2008.

Cris Shore, S. Wright, "Whose Accountability? Governmentality and the Auditing of Universities", *Parallax*, Vol. 10, No. 2, 2004.

Daniel B. Kelly, "The Public Use Requirement in Eminent Domain Law: a Rationale Based on Secret Purchases and Private Influence", *Cornell Law Review*, Vol. 92, No. 1, 2006.

Daniel Bell, *The Cultural Contradictions of Capitalism*, Basic Books, 2008.

David A. De Vaus, *Research Design in Social Research*, Sage, 2001.

David Bray, "Building 'Community': New Strategies of Governance in Urban China", *Economy and Society*, Vol. 35, No. 4, 2006.

David Bray, "Designing to Govern: Space and Power in Two Wuhan Communities", *Built Environment*, Vol. 34, No. 4, 2008.

David Bray, *Social Space and Governance in Urban China: the Danwei System from Origins to Reform*, Stanford University Press, 2005.

David E. Dowall, Urban Residential Redevelopment in the People's Republic of China, *Urban Studies*, Vol. 31, No. 9, 1994.

David Harvey, "Cities of Dreams" *Guardian*, Vol. 15, 1993.

David Harvey, "From Managerialism to Entrepreneurialism: the Transformation in Urban Governance in Late Capitalism", *Geografiska Annaler, Series B. Human Geography*, 1989.

David Harvey, "The Right to the City", *International Journal of Urban and Regional Research*, Vol. 27, 2008.

David Harvey, *A Brief History of Neoliberalism*, Oxford University Press, 2005.

David Harvey, *Rebel Cities: From the Right to the City to the Urban Revolution*, Verso Books, 2012.

David Harvey, *Social Justice and the City*, London: E. Arnold, 1976.

David Imbroscio, "The End of (Urban) Liberalism", *Journal of Urban Affairs*, Vol. 34, No. 1, 2012.

David Imbroscio, *Urban America Reconsidered: Alternatives for Governance and Policy*, Cornell University Press, 2011.

David Richards, "Elite Interviewing: Approaches and Pitfalls", *Politics*, Vol. 16, No. 3, 1996.

David Sibley, *Geographies of Exclusion: Society and Difference in the West*, Psychology Press, 1995.

Decision to Accelerate the Remodelling of Inner City Slum Housing, 1993.

Derrick Purdue, "Neighbourhood Governance: Leadership, Trust and Social Capital", *Urban Studies*, Vol. 38, No. 12, 2001.

Dilip K. Basu, *The Rise and Growth of the Colonial Port Cities in Asia*, University Press of America (Second Edition 1985), 1979.

Donald M. Nonini, "Is China Becoming Neoliberal?", *Critique of Anthropology*, Vol. 28, No. 2, 2008.

Dorothy J. Solinger, "*Contesting Citizenship in Urban China: Peasant Migrants, the State, and the Logic of the Market*", University Of California Press, 1999.

Douglas S. Massey, Nancy A. Denton, "Suburbanization and Segregation in Us Metropolitan Areas", *American Journal of Sociology*, 1988.

Edward W. Soja, *Postmetropolis Critical Studies of Cities and Regions*, 2000.

Edwin S. Mills, Richard Price, "Metropolitan Suburbanization and Central City Problems", *Journal of Urban Economics*, Vol. 15, No. 1, 1984.

Elaine Kurtenbach, "Shanghai Residents Protest Train Line Construction", *The Guardian*, 2009.

Elizabeth J. Perry, "Chinese Conceptions of 'Rights': from Mencius to

Mao—and Now", *Perspectives on Politics*, Vol. 6, No. 1, 2008.

Elizabeth J. Perry, M. Goldman, Eds. *Grassroots Political Reform in Contemporary China*, Harvard University Press, Vol. 14, 2009.

Eric J. Hobsbawm, "Peasants and Politics", *The Journal of Peasant Studies*, Vol. 1, No. 1, 1973.

Eric Maskin, Yingyi Qian, Chenggang Xu, "Incentives, Scale Economies, and Organizational Form", *Review of Economic Studies*, Vol. 67, 2000.

Erik Lichtenberg, Chengri Ding, "Local Officials as Land Developers: Urban Spatial Expansion in China", *Journal of Urban Economics*, Vol. 66, No. 1, 2009.

Erik Swyngedouw, "Neither Global nor Local: 'Glocalization' and the Politics of Scale", *Spaces of Globalization: Reasserting the Power of the Local*, 1997.

Erving Goffman, *Stigma: Notes on the Management of Spoiled Identity*, Simon and Schuster, 2009.

Eugene J. Mccann, "Space, Citizenship, and the Right to the City: a Brief Overview", *Geojournal*, Vol. 58, No. 2, 2002.

Fevzi Okumus, Levent Altinay, Angela Roper, "Gaining Access for Research: Reflections from Experience", *Annals of Tourism Research*, Vol. 34, No. 1, 2007.

Francis Fukuyama, "Social Capital, Civil Society and Development", *Third World Quarterly*, Vol. 22, No. 1, 2001.

Frank N. Pieke, "The Communist Party and Social Management in China", *China Information*, Vol. 26, No. 2, 2012.

Frederick Engels, *The Condition of the Working Class in England in 1844*, Trans, Fk Wischnewetzky, New York: John W. Lovell Company, 1845.

Fulong Wu, "Changes in the Structure of Public Housing Provision in Urban China", *Urban Studies*, Vol. 33, No. 9, 1996.

Fulong Wu, "China's Great Transformation: Neoliberalization as Establishing a Market Society", *Geoforum*, Vol. 39, No. 3, 2008.

Fulong Wu, "China's Changing Urban Governance in the Transition towards a More Market-Oriented Economy", *Urban Studies*, Vol. 39, No. 7, 2002.

Fulong Wu, "China's Recent Urban Development in the Process of Land and Housing Marketization and Economic Globalization", *Habitat International*, Vol. 25, No. 3, 2001.

Fulong Wu, "How Neoliberal Is China's Reform? The Origins of Change during Transition", *Eurasian Geography and Economics*, Vol. 51, No. 5, 2010.

Fulong Wu, "The (Post-) Socialist Entrepreneurial City as a State Project: Shanghai's Reglobalisation in Question", *Urban Studies*, Vol. 40, No. 9, 2003.

Fulong Wu, "Transitional Cities", *Environment and Planning A*, Vol. 35, No. 8, 2003.

Fulong Wu, "Urban Poverty and Marginalization under Market Transition: the Case of Chinese Cities", *International Journal of Urban and Regional Research*, Vol. 28, No. 2, 2004.

Fulong Wu, "Urban Restructuring in China's Emerging Market Economy: towards a Framework for Analysis", *International Journal of Urban and Regional Research*, Vol. 21, No. 4, 1997.

Gabrievla Montinola, Yingyi Qian, Barry R. Weingast, "Federalism, Chinese Style: the Political Basis for Economic Success in China",

World Politics, Vol. 48, No. 1, 1995.

Gang Guo, "China's Local Political Budget Cycles", *American Journal of Political Science*, Vol. 53, No. 3, 2009.

Gary Craig, "Community Capacity-Building: Something Old, Something New…?", *Critical Social Policy*, Vol. 27, No. 3, 2007.

Gary G. Hamilton, "Patriarchy, Patrimonialism, and Filial Piety: a Comparison of China and Western Europe", *British Journal of Sociology*, Vol. 41, No. 1, 1990.

Gary Sigley, "Chinese Governmentalities: Government, Governance and the Socialist Market Economy", *Economy and Society*, Vol. 35, No. 4, 2006.

Gautam Bhan, "This Is No Longer the City I Once Knew: Evictions, the Urban Poor and the Right to the City in Millennial Delhi", *Environment and Urbanization*, Vol. 21, No. 1, 2009.

George A. Lundberg, "The Logic of Sociology and Social Research", *Trends in American Sociology*, New York: Harper, 1929.

George C. S. Lin, "China's Industrialization with Controlled Urbanization: Anti-Urbanism or Urban-Biased?", *Issues & Studies*, Vol. 34, No. 6, 1998.

George C. S. Lin, "State, Captial, and Space in China in an Age of Volatile Globalization", *Environment and Planning A*, Vol. 32, No. 3, 2000.

George C. S. Lin, S. P. Ho, "The State, Land System, and Land Development Processes in Contemporary China", *Annals of the Association of American Geographers*, Vol. 95, No. 2, 2005.

Gill-Chin Lim, Man-Hyung Lee, "Political Ideology and Housing Policy in Modern China", *Environment and Planning C: Government and*

Policy, Vol. 8, No. 4, 1990.

Glenn A. Bowen, "Document Analysis as a Qualitative Research Method", *Qualitative Research Journal*, Vol. 9, No. 2, 2009.

Graham Burchell, "Liberal Government and Techniques of the Self", *Economy and Society*, Vol. 22, No. 3, 1993.

Graham Burchell, Colin Gordon, Peter Miller, *The Foucault Effect: Studies in Governmentality*, University of Chicago Press, 1991.

Guidance for Conducting Urban Community Building Demonstrations, 2001.

Gwendolyn Wright, *The Politics of Design in French Colonial Urbanism*, University of Chicago Press, 1991.

Harald Leisch, "Gated Communities in Indonesia", *Cities*, Vol. 19, No. 5, 2002.

Harry Eckstein, "Case Study and Theory in Political Science", *Case Study Method*, 2000.

Harvey Molotch, "Growth Machine Links: Up, Down, and Across", *The Urban Growth Machine: Critical Perspectives Two Decades Later*, 1999.

Harvey Molotch, "The City as a Growth Machine: Toward a Political Economy of Place", *American Journal of Sociology*, 1976.

Helga Leitner, "Cities in Pursuit of Economic Growth: the Local State as Entrepreneur", *Political Geography Quarterly*, Vol. 9, No. 2, 1990.

Henri Lefebvre, *Les Illusions De La Modernité*, La Ville Partout, Partout En Crise, 1991.

Henri Lefebvre, *Writings on Cities*, Oxford: Blackwell, Vol. 63, No. 2, 1996.

Hongbin Li, Li-An Zhou, "Political Turnover and Economic Performance: the Incentive Role of Personnel Control in China", *Journal of Public Economics*, Vol. 89, No. 9, 2005.

Huaxing Liu, John W. Raine, "Why Is There Less Public Trust in Local Government than in Central Government in China?", *International Journal of Public Administration*, Vol. 39, No. 4, 2016.

Human Rights Watch, *Demolished: Forced Evictions and the Tenants' Rights Movement in China*, Vol. 16, No. 4, 2004.

Hyun Bang Shin, "Contesting Speculative Urbanisation and Strategising Discontents", *City*, Vol. 18, No. 4-5, 2014.

Hyun Bang Shin, "Living on the Edge: Financing Post-Displacement Housing in Urban Redevelopment Projects in Seoul", *Environment and Urbanization*, Vol. 20, No. 2, 2008.

Hyun Bang Shin, "Property-Based Redevelopment and Gentrification: the Case of Seoul, South Korea", *Geoforum*, Vol. 40, No. 5, 2009.

Hyun Bang Shin, "The Right to the City and Critical Reflections on China's Property Rights Activism", *Antipode*, Vol. 45, No. 5, 2013.

Jacques Rancière, *Disagreement*, Trans, Julie Rose Minneapolis: University of Minnesota Press, 1999.

Jacques Rancière, Rachel Bowlby, Davide Panagia, "Ten Theses on Politics", *Theory & Event*, Vol. 5, No. 3, 2001.

James C. Scott, "Weapons of the Weak: Everyday Forms of Peasant Resistance", *Weapons of the Weak: Everyday Forms of Peasant Resistance*, 1985.

James Defilippis, "The Myth of Social Capital in Community Development", *Housing Policy Debate*, Vol. 12, No. 4, 2001.

James Derleth, Daniel R. Koldyk, "The She Qu Experiment: Grassroots Political Reform in Urban China", *Journal of Contemporary Chi-*

na, Vol. 13, No. 41, 2004.

James S. Coleman, "Social Capital in the Creation of Human Capital", *American Journal of Sociology*, 1988.

James S. Coleman, *Equality and Achievement in Education*, Westview Press, 1990.

Jamie Peck, "Geography and Public Policy: Constructions of Neoliberalism", *Progress in Human Geography*, Vol. 28, No. 3, 2004.

Jamie Peck, "Neoliberalizing States: Thin Policies/Hard Outcomes", *Progress in Human Geography*, Vol. 25, No. 3, 2001.

Jamie Peck, Adam Tickell, "Too Many Partners… the Future for Regeneration Partnerships", *Local Economy*, Vol. 9, No. 3, 1994.

Jean C. Oi, "Fiscal Reform and the Economic Foundations of Local State Corporatism in China", *World Politics*, Vol. 45, No. 1, 1992.

Jean Du Plessis, "The Growing Problem of Forced Evictions and the Crucial Importance of Community-Based, Locally Appropriate Alternatives", *Environment and Urbanization*, Vol. 17, No. 1, 2005.

Jennifer Platt, "Case Study in American Methodological Thought", *Current Sociology*, Vol. 40, No. 1, 1992.

Jennifer Robinson, "Cities in a World of Cities: the Comparative Gesture", *International Journal of Urban and Regional Research*, Vol. 35, No. 1, 2011.

Jennifer Robinson, "Developing Ordinary Cities: City Visioning Processes in Durban and Johannesburg", *Environment and Planning A*, Vol. 40, No. 1, 2008.

Jennifer Robinson, "Global and World Cities: a View from off the Map", *International Journal of Urban and Regional Research*, Vol. 26, No. 3, 2002.

Jennifer Robinson, *Ordinary Cities: between Modernity and Development*, Psychology Press, Vol. 4, 2006.

Jiabao. Wen, *Report of Eleventh National People's Congress*, 2011.

Jiang Xu, Anthony Yeh, "Decoding Urban Land Governance: State Reconstruction in Contemporary Chinese Cities", *Urban Studies*, Vol. 46, No. 3, 2009.

Jieming Zhu, "A Transitional Institution for the Emerging Land Market in Urban China", *Urban Studies*, Vol. 42, No. 8, 2005.

Jieming Zhu, "Local Growth Coalition: the Context and Implications of China's Gradualist Urban Land Reforms", *International Journal of Urban and Regional Research*, Vol. 23, No. 3, 1999.

Jieming Zhu, "The Effectiveness of Public Intervention in the Property Market", *Urban Studies*, Vol. 34, No. 4, 1997.

Jinquan Li, *Power, Money, and Media: Communication Patterns and Bureaucratic Control in Cultural China*, Northwestern University Press, 2000.

Joan E. Sieber, Barbara Stanley, "Ethical and Professional Dimensions of Socially Sensitive Research", *American Psychologist*, Vol. 43, No. 1, 1988.

Jody Miller, Barry Glassner, "The 'Inside' and the 'Outside': Finding Realities in Interviews", *Qualitative Research*, 1997.

John Allen, *Lost Geographies of Power*, 2003.

John Clarke, Janet Newman, *The Managerial State: Power, Politics and Ideology in the Remaking of Social Welfare*, Sage, 1997.

John Field, *Social Capital*. London: Routledge Press, 2003.

John Logan Ed, *The New Chinese City: Globalization and Market Reform*, Blackwell Publisher, 2002.

John Lovering, Hade Türkmen, "Bulldozer Neo-Liberalism in Istanbul: the State-Led Construction of Property Markets, and the Displacement of the Urban Poor", *International Planning Studies*, Vol. 16, No. 1, 2011.

John R. Logan, Yanjie Bian, Fuqin Bian, "Housing Inequality in Urban China in the 1990s", *International Journal of Urban and Regional Research*, Vol. 23, No. 1, 1999.

John Rex, "The Concept of Housing Class and the Sociology of Race Relations", *Race & Class*, Vol. 12, No. 3, 1971.

Jonathan R. Schiffer, "State Policy and Economic Growth: a Note on the Hong Kong Model", *International Journal of Urban and Regional Research*, Vol. 15, No. 2, 1991.

Joshua Cooper Ramo, The Shanghai Bubble, *Foreign Policy*, 1998.

Jude Howell, *Governance in China*, Rowman & Littlefield, 2004.

Kathleen Musante Dewalt, Billie R. Dewalt, *Participant Observation: a Guide for Fieldworkers*, Walnut Creek, Ca: Altamira Press.

Kathy Charmaz, "Between Positivism and Postmodernism: Implications for Methods", *Studies in Symbolic Interaction*, Vol. 17, No. 2, 1995.

Keith J. Hand, "Using Law for a Righteous Purpose: the Sun Zhigang Incident and Evolving Forms of Citizen Action in the People's Republic of China", *Colum. J. Transnat'l L.*, Vol. 45, 2006.

Kellee S Tsai, "Off Balance: the Unintended Consequences of Fiscal Federalism in China", *Journal of Chinese Political Science*, Vol. 9, No. 2, 2004.

Kenneth Lieberthal, *Governing China: from Revolution through Reform*, New York: W. W. Norton &Company, 2004.

Kenneth T Rosen, Madelyn C. Ross, *Increasing Home Ownership in Ur-*

ban China: Notes on the Problem of Affordability, 2000.

Kevin J O'Brien, "Rightful Resistance", *World Politics*, Vol. 49, No. 1, 1996.

Kevin J O'Brien, Lianjiang Li, "Suing the Local State: Administrative Litigation in Rural China", *The China Journal*, 2004.

Kevin R Cox, Andrew Mair, "Locality and Community in the Politics of Local Economic Development", *Annals of the Association of American Geographers*, Vol. 78, No. 2, 1988.

Kofman E, Lebas E, "Lost in Transposition – Time, Space and the City", In Kofman E, Lebas E Eds., *Writings on Cities*, 1996.

Kris Olds, Tim Bunnell, Scott Leckie, "Forced Evictions in Tropical Cities: an Introduction", *Singapore Journal of Tropical Geography*, Vol. 23, No. 3, 2002.

Larry S Bourne, "The Demise of Gentrification? A Commentary and Prospective View", *Urban Geography*, Vol. 14, No. 1, 1993.

Laurence J. C. Ma, "Urban Administrative Restructuring, Changing Scale Relations and Local Economic Development in China", *Political Geography*, Vol. 24, No. 4, 2005.

Laurence J. C. Ma, "Economic Reforms, Urban Spatial Restructuring, and Planning in China", *Progress in Planning*, Vol. 61, No. 3, 2004.

Laurence J. C. Ma, "September. Anti-Urbanism in China", In *Proceedings of the Association of American Geographers*, Vol. 8, 1976.

Laurence J. C. Ma, "Urban Transformation in China, 1949 – 2000: a Review and Research Agenda", *Environment and Planning A*, Vol. 34, No. 9, 2002.

Leonard Schatzman, Anselm Strauss, *Field Research: Strategies for a*

Natural Sociology, Prentice Hall, 1973.

Leong Liew, "China's Engagement with Neo-Liberalism: Path Dependency, Geography and Party Self-Reinvention", *The Journal Of Development Studies*, Vol. 41, No. 2, 2005.

Leslie Shieh, John Friedmann, "Restructuring Urban Governance: Community Construction in Contemporary China", *City*, Vol. 12, No. 2, 2008.

Li Zhang, "Contesting Spatial Modernity in Late-Socialist China", *Current Anthropology*, Vol. 47, No. 3, 2006.

Li Zhang, "Forced from Home: Property Rights, Civic Activism, and the Politics of Relocation in China", *Urban Anthropology and Studies of Cultural Systems and World Economic Development*, 2004.

Li-An Zhou, "Governing China's Local Officials: An Analysis of Promotion Tournament Model", *Economic Research Journal*, Vol. 7, 2007.

Li-An Zhou, "Relative Performance Evaluation and the Turnover of Provincial Leaders in China", *Economics Letters*, Vol. 88, No. 3, 2005.

Lisa Hoffman, "Autonomous Choices and Patriotic Professionalism: on Governmentality in Late-Socialist China", *Economy and Society*, Vol. 35, No. 4, 2006.

Lisa Towne, Richard J Shavelson Eds, *Scientific Research in Education*. National Academies Press, 2002.

Liza Weinstein, Xuefei Ren, "Comparative Planning Cultures", *City & Community*, Vol. 8, No. 4, 2009.

Louis A Rose, "Land Values and Housing Rents in Urban Japan", *Journal of Urban Economics*, Vol. 31, No. 2, 1992.

Manuel Castells, "Crisis, Planning, and the Quality of Life: Managing the New Historical Relationships between Space and Society", *Envi-

ronment and Planning D: *Society and Space*, Vol. 1, No. 1, 1983.

Manuel Castells, A. Sheridan, "The Urban Question: a Marxish Approach", *Social Structure and Social Change*, Vol. 1, 1977.

Manuel Castells, *The City and the Grassroots: a Cross-Cultural Theory of Urban Social Movements*, Berkeley, 1983.

Margit Mayer, "The 'Right to the City' in the Context of Shifting Mottos of Urban Social Movements", *City*, Vol. 13, No. 2 - 3, 2009.

Mariam Dossal, "Limits of Colonial Urban Planning: A Study of Mid_ Nineteenth Century Bombay", *International Journal of Urban and Regional Research*, Vol. 13, No. 1, 1989.

Marjorie Mayo, "Partnerships for Regeneration and Community Development Some Opportunities, Challenges and Constraints", *Critical Social Policy*, Vol. 17, No. 52, 1997.

Mark Purcell, "Excavating Lefebvre: the Right to the City and Its Urban Politics of the Inhabitant", *Geojournal*, Vol. 58, No. 2, 2002.

Martha S. Feldman, Jeannine Bell, Michele Tracy Berger, *Gaining Access: A Practical and Theoretical Guide for Qualitative Researchers*, California: Altamira Press, 2004.

Martin Geoghegan, Fred Powell, "Community Development and the Contested Politics of the Late Modern Agora: of, Alongside or Against Neoliberalism?", *Community Development Journal*, 2008.

Martin Mowbray, "What Became of the Local State? Neo-Liberalism, Community Development and Local Government", *Community Development Journal*, Vol. 46, No. 1, 2011.

Martyn Hammersley, Paul Atkinson, "Insider Accounts: Listening and Asking Questions", *Ethnography: Principles in Practice*, 1995.

Martyn Hammersley, Paul Atkinson, *Ethnography: Principles in Prac-*

tice, Routledge, 2007.

Max Page, *The Creative Destruction of Manhattan*, 1900 – 1940, University of Chicago Press, 2001.

Meiling Shih, "The Evolving Law of Disputed Relocation: Constructing Inner_ City Renewal", 2010.

Merle Goldman, *From Comrade to Citizen: The Struggle for Political Rights in China*, Harvard University Press, 2005.

Michael Ball, "Co-Operation with the Community in Property_ Led Urban Regeneration", *Journal of Property Research*, Vol. 21, No. 2, 2004.

Michael Carley, Mike Chapman, Annette Hastings, Karryn Kirk and Raymond Young, *Urban Regeneration through Partnership: A Study in Nine Regions in England*, Scotland and Wales, Policy Press, Bristol, 2000.

Michael J. Dear, *The Postmodern Urban Condition*, 2000.

Michael Keane, "Redefining Chinese Citizenship", *Economy and Society*, Vol. 30, No. 1, 2001.

Michael Woolcock, "Social Capital and Economic Development: toward a Theoretical Synthesis and Policy Framework", *Theory and Society*, Vol. 27, No. 2, 1998.

Michel Foucault, *Discipline and Punish: The Birth of the Prison*, Vintage, 1977.

Michel Foucault, Jay Miskowiec, Of Other Spaces, *Diacritics*, 1986.

Mike Raco, "Assessing Community Participation in Local Economic Development—Lessons for the New Urban Policy", *Political Geography*, Vol. 19, No. 5, 2000.

Min Zhou, John R. Logan, "Market Transition and the Commodification of Housing in Urban China", *International Journal of Urban and Regional Research*, Vol. 20, No. 3, 1996.

Mitchell Dean, "Liberal Government and Authoritarianism", *Economy and Society*, Vol. 31, No. 1, 2002.

Miu Chung Yan, Jian Guo Gao, "Social Engineering of Community Building: Examination of Policy Process and Characteristics of Community Construction in China", *Community Development Journal*, Vol. 42, No. 2, 2007.

Mustafa Dikecô, "Space, Politics, and the Politicalà", *Environment and Planning D: Society and Space*, Vol. 23, 2005.

Mustafa. Dikeç, "Justice and the Spatial Imagination", *Environment and Planning A*, Vol. 33, No. 10, 2001.

Neil Brenner, Nik Theodore, *Cities and the Geographies of 'Actually Existing Neoliberalism'*, Antipode, 2002.

Neil Brenner, Peter Marcuse, Margit Mayer, Eds, *Cities for People, Not for Profit: Critical Urban Theory and the Right to the City*, Routledge, 2012.

Neil Smith, "Gentrification and Uneven Development", *Economic Geography*, 1982.

Neil Smith, "New Globalism, New Urbanism: Gentrification as Global Urban Strategy", *Antipode*, Vol. 34, No. 3, 2002.

Ngai-ming Yip, Yihong Jiang, "Homeowners United: the Attempt to Create Lateral Networks of Homeowners' Associations in Urban China", *Journal of Contemporary China*, Vol. 20, No. 72, 2011.

Niamh Gaynor, "In-Active Citizenship and the Depoliticization of Community Development in Ireland", *Community Development Journal*, 2009.

Nikolas Rose, "Community, Citizenship, and the Third Way", *American Behavioral Scientist, Vol. 43, No. 9, 2000.

Nikolas Rose, "The Death of the Social? Re-Figuring the Territory of Government", International Journal of Human Resource Management, Vol. 25, No. 3, 1996.

Nikolas Rose, Powers of Freedom: Reframing Political Thought, Cambridge University Press, 1999.

Non Arkaraprasertkul, "Towards Modern Urban Housing: Redefining Shanghai's Li Long", Journal of Urbanism, Vol. 2, No. 1, 2009.

Notice of Further Regulating the Work of Land Expropriation, 2010.

Notice of Further Supervision, Inspection and Regulation of the Land Expropriation Process, 2011.

Olivier Blanchard, Andrei Shleifer, Federalism with and without Political Centralization: China versus Russia (No. W7616), National Bureau of Economic Research, 2000.

Ozan Karaman, "Resisting Urban Renewal in Istanbul", Urban Geography, Vol. 35, No. 2, 2014.

P. Jaeschke, Jiao Ao Development Memo, 1906.

P. Jaeschke, Jiao Ao Development Memo, 1908.

Pamela N. Phan, "Enriching the Land or the Political Elite? Lessons from China on Democratization of the Urban Renewal Process", Pacific Rim Law & Policy Journal, Vol. 14, 2005.

Patricia Munch, "An Economic Analysis of Eminent Domain", The Journal of Political Economy, 1976.

Patsy Healey, "Urban Regeneration and the Development Industry", Regional Studies, Vol. 25, No. 2, 1991.

Paul Atkinson, Amanda Coffey, "Analysing Documentary Realities", Qualitative Research, 2004.

Paul Foley, Steve Martin, "A New Deal for the Community? Public Participation in Regeneration and Local Service Delivery", *Policy & Politics*, Vol. 28, No. 4, 2000.

Paul Hoggett, "New Modes of Control in the Public Service", *Public Administration*, Vol. 74, 1996.

Paul Lawless, "The Inner Cities: Towards a New Agenda", *Town Planning Review*, Vol. 67, No. 1, 1996.

Paul Rabinow, "Governing Morocco: Modernity and Difference", *International Journal of Urban and Regional Research*, Vol. 13, No. 1, 1989.

Peris S. Jones, "Urban Regeneration's Poisoned Chalice: Is There an Impasse in (Community) Participation-Based Policy?", *Urban Studies*, Vol. 40, No. 3, 2003.

Peter Johnson, "Unravelling Foucault's 'Different Spaces'", *History of the Human Sciences*, Vol. 19, No. 4, 2006.

Peter Mieszkowski, Edwin S. Mills, "The Causes of Metropolitan Suburbanization", *The Journal of Economic Perspectives*, 1993.

Phil Hubbard, Keith Lilley, "Pacemaking the Modern City: the Urban Politics of Speed and Slowness", *Environment and Planning D*, Vol. 22, No. 2, 2004.

Pierre Bourdieu, "The Forms of Capital", (W:) Jg Richardson (Red.), *Handbook of Theory and Research for the Sociology of Education*, Greenwood Press, New York, 1986.

Pierre Bourdieu, Jean Claude Passeron, *Foundations of a Theory of Symbolic Violence*, London/ Thousand Oaks/New Delhi, 1977.

Pierre Bourdieu, Loïc Wacquant, "Symbolic Violence", in N. Scheper-Hughes, P. I. Bourgois, Eds. *Violence in War and Peace*, Blackwell

Pub, 2004.

Pun Ngai, "Subsumption or Consumption? the Phantom of Consumer Revolution in 'Globalizing' China", *Cultural Anthropology*, Vol. 18, No. 4, 2003.

Qimiao Fan, "State-Owned Enterprise Reform in China: Incentives and Environment", *China's Economic Reforms, The Costs and Benefits of Incrementalism*, 1994.

R. Yin-Wang Kwok, "Recent Urban Policy and Development in China: a Reversal of 'Anti-Urbanism'", *Town Planning Review*, Vol. 58, No. 4, 1987.

Rachel Weber, "Extracting Value from the City: Neoliberalism and Urban Redevelopment", *Antipode*, Vol. 34, No. 3, 2002.

Rana Tawfiq Almatarneh, Yasser Mohamed Mansour, "The Role of Advertisements in the Marketing of Gated Communities as A New Western Suburban Lifestyle: A Case Study of the Greater Cairo Region, Egypt", *Journal of Housing and the Built Environment*, Vol. 28, No. 3, 2013.

Raymond M. Lee, Claire M. Renzetti, "The Problems of Researching Sensitive Topics an Overview and Introduction", *The American Behavioral Scientist* (1986-1994), Vol. 33, No. 5, 1990.

Raymond M. Lee, *Doing Research on Sensitive Topics*, Sage, 1993.

Richard Dagger, *Civic Virtues: Rights, Citizenship and Republican Liberalism*, 1997.

Richard E. Boyatzis, *Transforming Qualitative Information: Thematic Analysis and Code Development*, Thousand Oaks, Ca: Sage, 1996.

Richard Walker, Daniel Buck, "The Chinese Road: Cities in the Transition to Capitalism", *New Left Review*, Vol. 46, 2007.

Rob Imrie, Huw Thomas, "Law, Legal Struggles and Urban Regeneration: Rethinking the Relationships", *Urban Studies*, Vol. 34, No. 9, 1997.

Rob Imrie, Huw Thomas, "The Wrong Side of the Tracks: a Case Study of Local Economic Regeneration in Britain", *Policy & Politics*, Vol. 20, No. 3, 1992.

Rob Imrie, Mike Raco, "How New Is the New Local Governance? Lessons from the United Kingdom", *Transactions of the Institute of British Geographers*, 1999.

Robert A. Beauregard, *Voices of Decline: the Post War Fate of Us Cities*, Psychology Press, 2003.

Robert D. Putnam, *Bowling Alone: the Collapse and Revival of American Community*, Simon and Schuster, New York, 2000.

Robert D. Putnam, "Who Killed Civic America" *Prospect*, March, Vol. 6, 1996.

Robert Home, *Of Planting and Planning: the Making of British Colonial Cities*, 1996.

Robert K. Yin, "Case Study Research: Design and Methods", Beverly Hills, Ca: Sage Publications, 1994.

Robert K. Yin, *Case Study Research Design and Methods* (Third Edition), Thousand Oaks, Calif, London: Sage, 2003.

Robert M. Fogelson, *Downtown: Its Rise and Fall*, 1880 – 1950, Yale University Press, 2003.

Robin Thompson, "City Planning in China", *World Development*, Vol. 3, No. 7, 1975.

Roger Keil, *Los Angeles, Globalization, Urbanization, and Social Struggles*, John Wiley, Sons, 1998.

Ronald Labonte, "Social Capital and Community Development: Practitioner Emptor", *Australian and New Zealand Journal of Public Health*, Vol. 23, No. 4, 1999.

Ruth Glass, "Introduction to London: Aspects of Change Centre for Urban Studies", *Cliches of Urban Doom* (Blackwell, Oxford), 1964.

Samuel Bowles, Herbert Gintis, "Social Capital and Community Governance", *The Economic Journal*, Vol. 112, No. 483, 2002.

Samuel Y. Liang, "Amnesiac Monument, Nostalgic Fashion: Shanghai's New Heaven and Earth", *Wasafiri*, Vol. 23, No. 3, 2008.

Sangbum Shin, "Economic Globalization and the Environment in China: a Comparative Case Study of Shenyang and Dalian", *The Journal of Environment & Development*, Vol. 13, No. 3, 2004.

Sarah EL. Wakefield, Blake Poland, B. Poland, "Family, Friend or Foe? Critical Reflections on the Relevance and Role of Social Capital in Health Promotion and Community Development", *Social Science & Medicine*, Vol. 60, No. 12, 2005.

Shaoguang Wang, "Central-Local Fiscal Politics in China", *Changing Central-Local Relations in China: Reform and State Capacity*, 1994.

Shaoguang Wang, "The Rise of the Regions: Fiscal Reform and the Decline of Central State Capacity in China", *The Waning of the Communist State: Economic Origins of Political Decline in China and Hungary*, 1995.

Sharan B. Merriam, *Case Study Research in Education: A Qualitative Approach*, Jossey-Bass, 1988.

Shaun G. Breslin, "China: Developmental State or Dysfunctional Development?", *Third World Quarterly*, Vol. 17, No. 4, 1996.

Shenjing He, "State-Sponsored Gentrification under Market Transition the Case of Shanghai", *Urban Affairs Review*, Vol. 43, No. 2, 2007.

Shenjing He, Fulong Wu, "China's Emerging Neoliberal Urbanism: Perspectives from Urban Redevelopment", *Antipode*, Vol. 41, No. 2, 2009.

Shenjing He, Fulong Wu, "Socio-Spatial Impacts of Property-Led Redevelopment on China's Urban Neighbourhoods", *Cities*, Vol. 24, No. 3, 2007.

Si Ming Li, Yat Ming Siu, "Residential Mobility and Urban Restructuring under Market Transition: a Study of Guangzhou, China", *The Professional Geographer*, Vol. 53, No. 2, 2001.

Steinar Kvale, Svend Brinkmann, *Interviews: Learning the Craft of Qualitative Research Interviewing*, Sage, 2009.

Stephanie Hemelryk Donald, Yin Hong, Michael Keane, *Media in China: Consumption, Content and Crisis*, Routledge, 2014.

Stephen Dobbs, "Urban Redevelopment and the Forced Eviction of Lighters from the Singapore River", *Singapore Journal of Tropical Geography*, Vol. 23, No. 3, 2002.

Stephen L. Schensul, Jean J. Schensul, Margaret D. LeCompte, *Essential Ethnographic Methods: Observations, Interviews, and Questionnaires*, Rowman Altamira, Vol. 2, 1999.

Stephen L. Elkin, Ed. *Changing Media, Changing China*, Oxford University Press, Usa, 2010.

Stephen L. Elkin, *City and Regime in the American Republic*, University of Chicago Press, 1987.

Stuart Cameron, "Gentrification, Housing Redifferentiation and Urban Regeneration: 'Going for Growth' in Newcastle upon Tyne", *Urban Studies*, Vol. 40, No. 12, 2003.

Susan A. Ostrander, " 'Surely You are not in This Just to be Helpful' Access, Rapport, and Interviews in Three Studies Of Elites", *Journal of Contemporary Ethnography*, Vol. 22, No. 1, 1993.

Susan Whiting, *Power and Wealth in Rural China: the Political Economy of Institutional Change*, Cambridge University Press, 2001.

Teun A Van Dijk, "Power and the News Media", *Political Communication and Action*, 1995.

Thad Williamson, *Sprawl, Justice, and Citizenship: the Civic Costs of the American Way of Life*, Oxford University Press, 2010.

The Decision to Accelerate East Zone's Development, 1992.

Tianshu Pan, "Neighborhood Shanghai: Community Building in Bay Bridge", *Harvard University Department of Anthropology. Ph. D. Dissertation*, 2002.

Tim Blackman, "Planning Inquiries: a Socio-Legal Study", *Sociology*, Vol. 25, No. 2, 1991.

Tim Butler, *Gentrification and the Middle Classes*, Ashgate Publishing, 1997.

Tim May, Jason Powell, *Situating Social Theory.* Mcgraw-Hill Education (Uk), 2008.

Tim May, *Social Research*, Mcgraw-Hill Education (Uk), 2011.

Tingwei Zhang, "Land Market Forces and Government's Role in Sprawl: the Case of China", *Cities*, Vol. 17, No. 2, 2000.

Tingwei Zhang, "Urban Development and a Socialist Pro-Growth Coalition in Shanghai", *Urban Affairs Review*, Vol. 37, No. 4, 2002, pp. 475 - 499.

Tom M. Mitchell, "Learning and Problem Solving", Proceedings of the Eighth International Joint Conference on Artificial Intelligence, 1983,

August.

Tony Champion, "Urbanization, Suburbanization, Counterurbanization and Reurbanization", *Handbook of Urban Studies*, Vol. 160, 2001.

Tony Saich, *Governance and Politics of China*, New York: Palgrave Macmillan, 2004.

Tunde Agbola, A. M. Jinadu, "Forced Eviction and Forced Relocation in Nigeria: the Experience of Those Evicted from Maroko in 1990", *Environment and Urbanization*, Vol. 9, No. 2, 1997.

Ülke Evrim Uysal, "An Urban Social Movement Challenging Urban Regeneration: the Case of Sulukule, Istanbul", *Cities*, Vol. 29, No. 1, 2012.

Urban Residents' Committee Organizational Law, 1989.

Usha Ramanathan, "Demolition Drive", *Economic and Political Weekly*, 2005.

Vandana Desai, Rob Imrie, "The New Managerialism in Local Governance: North-South Dimensions", *Third World Quarterly*, Vol. 19, No. 4, 1998.

Victor Nee, "A Theory of Market Transition: from Redistribution to Markets in State Socialism", *American Sociological Review*, 1989.

Virginia Braun, Victoria Clarke, "Using Thematic Analysis in Psychology", *Qualitative Research in Psychology*, Vol. 3, No. 2, 2006.

Vladislav Todorov, *Red Square, Black Square: Organon for Revolutionary Imagination*, Suny Press, 1995.

Wendell E. Pritchett, "The 'Public Menace' of Blight: Urban Renewal and the Private Uses of Eminent Domain", *Yale Law & Policy Review*, 2003.

Wendy Larner, "Neo-Liberalism: Policy, Ideology, Governmentality", *Studies in Political Economy*, Vol. 63, 2000.

William Maloney, Graham Smith, Gerry Stoker, "Social Capital and Urban Governance: Adding a More Contextualized 'Top_Down' Perspective", *Political Studies*, Vol. 48, No. 4, 2000.

Xiaobo Hu, "Reducing State-Owned Enterprises' Social Burdens and Establishing a Social Insurance System'", *Policy Options for Reform of Chinese State-Owned Enterprises*, Washington, Dc: World Bank, 1996.

Xiaobo Hu, "The State, Enterprises, and Society in Post-Deng China: Impact of the New Round of Soe Reform", *Asian Survey*, 2000.

Xiaobo Zhang, "Fiscal Decentralization and Political Centralization in China: Implications for Growth and Inequality", *Journal of Comparative Economics*, Vol. 34, No. 4, 2006.

Xiaoxi Hui, "The Chinese Housing Reform and the Following New Urban Question", In *Paper for the 4th Inter-National Conference of the International Forum on Urbanism*, 2009.

Xuefei Ren, "Forward to the Past: Historical Preservation in Globalizing Shanghai", *City and Community*, Vol. 7, No. 1, 2008.

Yaping Wang, "Housing Reform and Its Impacts on the Urban Poor in China", *Housing Studies*, Vol. 15, No. 6, 2000.

Yichun Xie, Frank J. Costa, "Urban Planning in Socialist China: Theory and Practice", *Cities*, Vol. 10, No. 2, 1993.

Yingyi Qian, Barry R Weingast, "Federalism as a Commitment to Perserving Market Incentives", *The Journal of Economic Perspectives*, 1997.

Yongnian Zheng, "Explaining the Sources of De Facto Federalism in Reform China: Intergovernmental Decentralization, Globalization, and Central-Local Relations", *Japanese Journal of Political Science*,

Vol. 7, No. 2, 2006.

Yongshun Cai, "Civil Resistance and Rule of Law in China: the Case of Defending Home Owners' Rights", *Grassroots Politics in China*, Eds. Elizabeth Perry and Merle Goldman, 2007.

Youqin Huang, "A Room of One's Own: Housing Consumption and Residential Crowding in Transitional Urban China", *Environment and Planning A*, Vol. 35, No. 4, 2003.

You-tien Hsing, "Urban Housing Mobilizations", *Reclaiming Chinese Society: The New Social Activism*, Vol. 17, 2009.

You-tien Hsing, "The Great Urban Transformation: Politics of Land and Property in China", *Oup Catalogue*, 2010.

Yuezhi Zhao, *Media, Market, and Democracy in China: between the Party Line and the Bottom Line*, University of Illinois Press, 1998.

Yuezhi Zhao, Wei. Sun, "Public Opinion Supervision: Possibilities and Limits of the Media in Constraining Local Officials", *Harvard Contemporary China Series*, Vol. 14, 2007.

Yuting Liu, Fulong Wu, "Urban Poverty Neighbourhoods: Typology and Spatial Concentration under China's Market Transition, a Case Study of Nanjing", *Geoforum*, Vol. 37, No. 4, 2006.

Zhihong Qian, Tai-Chee Wong, "The Rising Urban Poverty: a Dilemma of Market Reforms in China", *Journal of Contemporary China*, Vol. 9, No. 23, 2000.

Zuzana Klimova, "Public Participation in Urban Renewal Projects", *International Master's Programme in Environmental Studies and Sustainability Science (Thesis)*, Lunds University, 2010.

后　　记

　　我们对城市的幻想与批判从未停止过。无论是田园城市的幻想，女性城市的迷思，还是对传统邻里街区复兴的尝试和对阁楼生活的向往，都体现了不同时期人们对城市主义的诸多想象。20世纪50年代以后，对城市的这种浪漫主义情节却逐渐被更现实的、更尖锐的城市问题所取代。城市空间权力、城市正义、城市治理逐渐成为城市研究领域的重要议题。在我国，大规模城市拆迁所带来的社会矛盾及其治理问题从一开始便是城市议程中的核心问题。

　　社会矛盾最尖锐的地方亦是治理变革的前沿之地。从社会矛盾中观察治理问题，抑或从城市治理的角度来反思城市社会争议，是本书所选取的切入视角。在20世纪90年代，我国大规模的旧城改造与内城更新伊始，行政强制和暴力手段快速而高效地推动着土地循环和空间更替，却也激化了社会矛盾。近十年来，我国城市治理却发生了明显的转型。城市拆迁中的社会矛盾虽然偶有发生，却经常以一种更加温和而有效的方式得到化解。正是这种对于中国城市发展中典型的社会矛盾的治理变革引起了我的兴趣。将宏观城市治理转型问题与微观权力运作方式相结合来进行讨论，这是一种理论视角的创新，对于理解我国城市治理问题也具有一定的启发意义。随着实地调研的深入，我愈加发现，在中国情境下，于公共权力、治理技术和权力关系网络的理解与具体运作与西方社会是十分不同的。本书的出发点便是探索中国城市所具有的独特治理智慧。

后　记

　　本书是对 2015 年所完成的英文版博士论文的翻译与改编。对于每位博士生来说，博士论文都是饱含心血却又充满遗憾的作品，但毫无疑问的是，这代表着一段终生难忘的人生历程。在这段历程中，一定要首先致谢 Rob，我的博士导师，严厉、正直、充满智慧，感谢您给予我的所有挑战、磨难、启迪和人生格言，您引导着我去自我挑战，展现给我如何做研究、怎样成为研究者。感谢我的家人，你们的支持是我的一切。感谢华兴的陪伴，在那段最艰难的岁月里你是最忠诚的伴侣和最温暖的战友。感谢于棋、洪杨、吴姿璇、王铮、孙悦、边帅和伍瑶同学在论文编译中所作出的辛勤工作，也感谢孙立双、熊方洲、刘宏伟和孙宁同学在文字校对中的付出，你们是最棒的！也在此怀念博士学习生涯中的同僚们。尤其怀念的是那一段过往与对未来的展望，在伦敦深夜巴士里的疲惫、思念和那一首慰人的歌曲。

黄晴

2019 年 7 月